特大城市人口规模调控与比较研究

TEDA CHENGSHI RENKOU GUIMO KONGZHI YU
BIJIAO YANJIU

周晓津 张 强／著

中国财经出版传媒集团
经济科学出版社
Economic Science Press

图书在版编目（CIP）数据

特大城市人口规模调控与比较研究／周晓津，张强著 .
—北京：经济科学出版社，2015.12
ISBN 978 - 7 - 5141 - 6433 - 6

Ⅰ.①特…　Ⅱ.①周…②张…　Ⅲ.①特大城市 - 城市
人口 - 人口控制 - 对比研究 - 中国　Ⅳ.①C924.24

中国版本图书馆 CIP 数据核字（2015）第 296990 号

责任编辑：段　钢
责任校对：郑淑艳
责任印制：邱　天

特大城市人口规模调控与比较研究

周晓津　张　强　著

经济科学出版社出版、发行　新华书店经销
社址：北京市海淀区阜成路甲 28 号　邮编：100142
总编部电话：010 - 88191217　发行部电话：010 - 88191522
网址：www. esp. com. cn
电子邮件：esp@ esp. com. cn
天猫网店：经济科学出版社旗舰店
网址：http://jjkxcbs. tmall. com
北京万友印刷有限公司印装
710 × 1000　16 开　12.75 印张　250000 字
2016 年 10 月第 1 版　2016 年 10 月第 1 次印刷
ISBN 978 - 7 - 5141 - 6433 - 6　定价：48.00 元
（图书出现印装问题，本社负责调换。电话：010 - 88191502）
（版权所有　侵权必究　举报电话：010 - 88191586
电子邮箱：dbts@esp. com. cn）

2014 年广州市哲学社会科学规划重点课题（14Z03）

前　言

　　党的十八届三中全会强调，要合理控制特大城市人口规模，优化城市空间结构和管理格局，增强城市综合承载能力，推进城市建设管理创新。改革开放以来，我国不少大城市人口总量不断攀升，城市资源环境承载负荷日益加重，公共服务和社会管理压力、转型发展中的人口问题日益突出，合理的人口规模成为我国特大城市实现城市转型升级的关键。

　　合理的人口规模是贯彻国家战略的必然选择，是城市综合承载力刚性约束的客观要求，是推进"创新驱动，转型发展"的迫切之举。一直以来，国内特大城市存在对外来人口总量模糊、就业结构不明、区域分布不清的境地，导致人口服务管理处于一种盲人摸象和应急式管理状态。不少城市在不清楚其自身实有人口规模的情况下制订中长期人口和经济社会发展规划，人口总量目标不断地被超越和改写。可以想象，当一个城市的实有人口在制定目标之初就已经超过或接近目标人口，即使再严格的人口控制都难以达到目标。

　　城镇化是人类经济社会发展的必然趋势。只有全面放开建制镇和小城市落户限制，有序放开中小城市和城镇的落户限制，合理放开大城市落户限制，合理确定大城市落户条件，才能达到控制特大城市人口规模目标。特大城市的问题根源在于中小城市不发达。因此，首先要合理确定特大城市的规模。其次，要明确中小城市的主体地位，推进中小城市的集群式发展。最后，推动城市发展的政策重心下移，大力支持中小城市发展。要综合运用政府和市场这两种力量，促进中小城市更加便利地获得土地、人才、金融资本等方面的支持，促进中小城市与特大城市通过交通、通信等进行更好地联结，增强城市群内中小城市和小城镇的人口经济集聚能力，引导人口和产业由特大城市主城区向周边和其他中小城市和小城镇疏散转移。

流动人口沉积加速是城市常住人口近年来快速增长的主要原因。有序推进农村转移人口市民化，引导外来城镇落户的预期，以居住证为载体，稳步推进教育、就业、养老、医疗、住房等五大公共服务覆盖城镇常住人口，化解和减轻特大城市外来人口增加压力，促进区域经济均衡增长。特大城市人口控制应聚焦于人口的总量增速适度可控、人口结构逐步优化、人口布局均衡有序。必须引导特大城市人口有进有出。实施规划、就业、公共服务、人口与家庭政策、人才政策等引导，加强外来人口服务管理，更多地运用市场化、法治化手段，促进人口有序流动，控制人口总量，优化人口结构；重点把牢产业关口，调整完善产业政策实现以业控人、以业调人。

人口规模控制的要点在于使人口增长与经济增长相适应，不是简单的人口数量控制。控制的手段是市场化而非强力行政控制。随着中国经济进入新常态，国内特大城市除北京、上海外，其他特大城市的人口控制将会发生根本性的变化：从排斥外来人口到争相吸引外来人口；人口流量与流向变化将成为特大城市人口管理的风向标，适度保持人口增长的城市风险更低。

尽管有人口普查，但从学界到政府再到社会公众，到目前为止对我国特大城市究竟有多少人口等基本问题都缺乏统一、明确的答案，相同年份的流动人口数量差异极大，同一年份不同来源的数据之间差距有些也大得惊人。人口是各种经济社会关系系统中最为基础与根本性的要素，相应地，人口数据也就成为各类数字信息中最为基础性的信息资源，但同时也是极具战略性，关乎经济、资源、社会环境、医疗卫生、民生百态以及教育等方方面面的公共性资源。

人口管理是我国国家治理现代化中的关键环节之一，城市人口管理既是社会公共管理服务的基础，也是国家信息化战略的重要内容，更是制定与实施各项政策和指导各项实践工作的重要依据。结合城市人口、空间分布、交通等方面大数据的研究分析，利用大数据解决城市发展烦恼、完善公共治理与服务、推进大数据辅助决策的科学性和前瞻性问题，提出符合城市复杂巨系统发展规律、解决城市病的新方法与新出路；并针对不同管理层级，重点解决城市人口流动的公共决策可视化问题，推动城市市政管理和治理创新，具有十分必要和重大的应用价值。

从国内外城市发展经验来看，人口是城市竞争力的关键因素。在外来人口流入增长乏力状态下，沿海城市竞争力逐步下降；中西部省会城市在人口持续流入的推动下，城市竞争能力逐步增强，中国城市经济竞争格局得以重塑。长期来看，成都、重庆、武汉、长沙、西安等城市将与东部现有经济强市形成有力的竞争，广州、杭州、南京等城市将会发现，中西部省会城市而非其临近的深圳、宁波、苏州才是其长期竞争的真正对手。

周晓津
2015 年 12 月

目 录

第一章

我国城市分级体系

什么是特大城市? 其人口规模的现状和增长趋势如何? 特大城市在一个国家和地区的城市分级体系中的地位? 特大城市的人口真的需要控制吗? 特大城市人口增长路径是怎样的? 这些都是我们需首先从理论上予以明确的。

一、我国城市分级标准

人口规模是城市分级的关键标准。由于不同地区的人口及其密度差异极大, 因此不同国家和地区的城市分级标准有很大的差别。国际上比较公认的城市人口分级标准是联合国标准。我国自 1949 年以来的城市分级人口标准也有较大的差异。

(一) 联合国标准

世界各国对城市规模结构的等级层次的划分虽然标准不尽一致, 但是人口规模通常是衡量城市规模的决定性指标。联合国城市等级划分的标准: 人口在2 万以上至 10 万以下为小城市, 人口在 10 万以上至 100 万以下为大城市, 人口在 100 万以上为特大城市。如果以联合国的城市等级划分标准来分析, 即使从市辖区户籍人口来看, 中国一半以上的地级市都将成为特大城市。如果将外来人口计算在内, 中国东部沿海发达地区的很多镇也将成为特大城市, 如珠三角地区的广州新塘镇、东莞长安镇、东莞虎门镇、顺德容桂镇、中山小榄镇等; 中国百强名镇几乎全部达到大城市标准。因此, 联合国城市等级划分标准完全不适用于现时中国的城市分级。

联合国的城市分级标准虽然完全不适用于现时中国的城市分级, 但依旧具有重要的指导意义。例如，我国任何一家上市的房地产公司开发的大型楼盘建筑面积通常都在 50 万平方米以上，居住人口在 2 万人以上，在人口能级上已经是联合国小城市人口规模；很多超大型楼盘占地面积超过 5 平方公里，居住人口超过 15 万人，在人口能级上达到联合国大城市人口规模。而在管理层级上，大型楼盘甚至只能由我国行政最低级的村一级进行管理。由于开发商很少以小型城市或者大型城市的标准进行配套，导致小区居民生活、工作、休憩等日常活动很不方便。

（二）《城市规划条例》（1984 年）

1984 年 1 月 5 日，根据中华人民共和国宪法关于国家领导和管理城市建设的规定，国务院制定并颁布了我国第一部《城市规划条例》，从而以法规形式明确了我国的城市等级划分。《城市规划条例》第 2 条界定："城市是指国家行政区域划分设立的直辖市、市、镇，以及未设镇的县城"。城市按照其市区和郊区的非农业人口总数，划分为大城市（人口 50 万以上）、中等城市（人口 20 万 ~ 50 万）和小城市（人口 20 万以下）三个级别。该条例于 1990 年废止。

（三）《城市规划法》（1989 年）

1989 年，《中华人民共和国城市规划法》规定：小城市是指非农业人口小于 20 万的城市，中等城市是指非农业人口 20 万以上至 50 万以下的城市，大城市是指非农业人口 50 万以上至 100 万以下的城市，人口 100 万以上的为特大城市。2000 人以上，2 万人以下，其中非农业人口超过 50% 的为集镇。这部规划法于 2008 年 1 月 1 日废止，导致目前我国尚未从立法的层面对大中小等城市规模概念进行定义。

（四）《中国中小城市发展报告》（2010 年）

20 世纪 90 年代初，中国确立了市场化改革的方向，在经济迅猛发展的同时城市人口规模迅速膨胀，城乡人口流动加速，农业人口与非农业人口之间的界限模糊，许多县级城市（包括县级建制市和规模较大的县的中心城镇）的市区常住人口甚至超过了原来特大城市人口规模。2010 年，《中国中小城市发展报告（2010）：中国中小城市绿色发展之路》（绿皮书）依据中国城市人口规模现状，提出了新的城市等级划分标准：市区常住人口 50 万以下的为小城

市，50 万～100 万的为中等城市，100 万～300 万的为大城市，300 万～1000
万的为特大城市，1000 万以上的为巨大型城市。

2010 年发布的绿皮书根据官方人口数据（截至 2009 年年底）判定：我国
287 个地级以上城市中，直辖市、副省级城市市辖区常住人口均超过百万；省
会城市中，除银川、拉萨外，其他城市市辖区人口也超过百万（也就是说，
省会城市中只有银川、拉萨属于中小城市）；地级城市的情况则较为复杂，东
部地区的地级城市市区常住人口大多超过百万，中西部地区的多数地级城市市
区人口均未超过百万，在 287 个地级以上城市中，有 162 个城市属于中小城
市，占比高达 56%。事实上，以此标准来判断，拉萨已超过 50 万人口进入中
等城市行列①；银川人口已在百万之上，进入大城市行列②；北上广深等 10 个
城市达到巨大型城市人口标准（见图 1 - 1）。

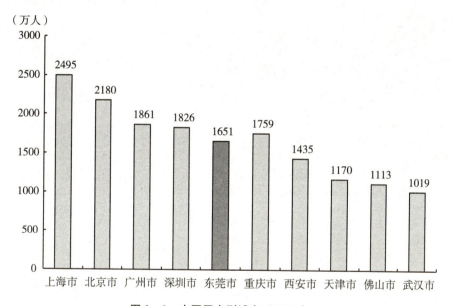

图 1 - 1　中国巨大型城市（2010 年）

注：根据 2010 年这些城市市辖区的移动手机用户总数及人均手机拥有量、劳均手机拥有
量来估计。到 2013 年年末，深圳市和东莞市人口规模已有非常大的变化，我们估计 2013 年年
末深圳总人口规模在 1600 万左右，东莞则下降到 1300 万左右，佛山总人口规模以下降到 1000
万以下，退出巨大型城市行列。而北京总人口规模则增长到与上海不相上下，为 2500 万左右。

① 2012 年拉萨市移动电话用户 93.56 万户，以此判断拉萨总人口已近百万规模。
② 2013 年银川市移动电话用户 382.85 万户，据此判断银川总人口超过 300 万。

（五）一、二、三线城市标准

与"特大城市"相对应，还有一个"一线城市"城市的概念。但"一线城市"通常是企业根据这个城市在其商业活动中市场地位的高低进行划分，从房地产概念来讲是指房价较高的城市。一线城市的划分没有固定的标准。既可按行政级别划分，也可按城市规模、人口数量划分，或者按照经济发展水平和 GDP 总量等标准划分。通常人们将北上广深四大城市称为国内的一线城市。2013 年，《第一财经周刊》对 400 个城市的综合商业指数进行了排名，并列出了 15 个"新一线"城市：成都、杭州、南京、武汉、天津、西安、重庆、青岛、沈阳、长沙、大连、厦门、无锡、福州、济南（见图 1-2）。

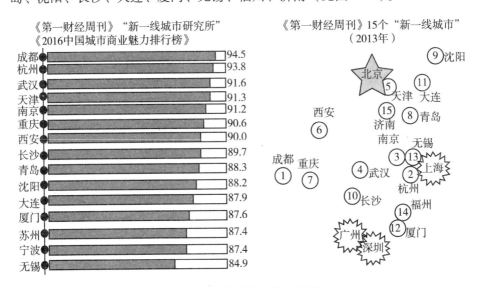

图 1-2　中国"新一线"城市

注：若北上广深纳入计算，其指数依次为：北京 100，上海 100，广州 98，深圳 97

新一线城市指数 = 商业资源集聚度指数 × 0.2 + 城市枢纽性指数 × 0.2 + 城市活跃性指数 × 0.2 + 生活多样性指数 × 0.2 + 未来可塑性指数 × 0.2

资料来源：第一财经日报（2016-4-26），http：//www.mnw.cn/，海峡都市报电子版。

二、我国特大城市人口规模界限

（一）字面推断及经验定律

从汉字的字面意思来看，"特大"意味着"不一般的大""与众不同的大"；"特大城市"则指该城市在城市分级体系中占比稀少，通常应该在5%以内。2012年，我国地级市级别及以上的城市共有289个，因此从字面意思来判断，我国的特大城市不应超过15个。在一个农村人口向城镇人口转移的国家或地区，特大城市数量将是一个动态的概念，不同时期的城市人口规模标准是变动而非一成不变的。

准确刻画城市规模分布规律的也日渐成为区域经济研究中的重要课题，引发国内外学者从各个方面对其进行理论和实证探索。国外有关城市规模及其分布的文献大多围绕齐普夫定律而展开一系列的理论和实证分析。但齐普夫定律本身也只是经济学中一条经验定律，此定律指出，一国内经济活动现象（如收入、各类型企业等）的规模分布服从幂律指数为1的幂律分布。对齐普夫定律的研究由来已久，Auerbach（1913）和Zipf（1949）最先提出现实城市体系中城市位序与人口规模之间的经验关系符合齐普夫定律[1]。在国内，城市规模分布实证研究主要包括三个方面：用各种计量经济方法来检验中国的城市规模分布是否服从齐普夫定律；用时间序列数据来研究中国城市规模是否呈现平行增长；构建计量经济模型来分析中国城市规模分布的影响因素。

（二）增长分布（Kernel 密度函数）

徐现祥、李郇（2004）首次利用高斯正态分布的Kernel密度函数来分析中国城市经济增长的趋同性[2]。周晓津（2014）[3]首次将Kernel密度函数来研究一国区域城市人口规模增长分布，这种方法最初见诸其在2012年中国经济论坛的一篇获奖会议论文。用于估计城市人口增长分布最常用的方法是基于高

① 沈体雁，劳昕.国外城市规模分布研究进展及理论前瞻——基于齐普夫定律的分析 [J].世界经济文汇，2012（5）：95–111.
② 徐现祥，李郇.中国城市经济增长的趋同分析 [J].经济研究，2004（5）：40–48.
③ 周晓津.中国大城市人口规模调控研究//载潘家华，韩朝华，魏后凯主编：城市转型与绿色发展——中国经济论坛文集 [M].北京：中国社会科学出版社，2014：517–547.

斯正态分布的 Kernel 密度函数，即：

$$f(x) = \frac{1}{nh}\sum_{i=1}^{n}k\left(\frac{x_i - y}{h}\right) \tag{1-1}$$

其中，$h = 0.9AN^{-1/5}$ 是窗宽（the Window Width），数值越大表示城市人口在各城市分布越均衡，数值越小表示分布越集聚，A、N、K(.) 和 y 分别是标准差、观察变量个数（如城市数量等）、高斯正态分布函数和观察变量波动范围。此函数表示观察变量在给定城市范围内出现的可能性。

高斯分布是统计分析中最常见、最重要的一种分布。其概率密度函数：

$$f(x) = \frac{1}{\sqrt{2\pi}\delta}\exp\left[-\frac{(x-a)^2}{2\delta^2}\right] \tag{1-2}$$

高斯分布的概率密度函数可由两个参数决定：一个是均值，另一个是方差。在任意时刻 t 去观察，若一个国家的城市人口的概率分布都满足高斯分布，这个随机过程就是高斯过程。如果高斯过程中的各城市人口之间是互不相关（统计独立）的，则其概率密度函数可写成：

$$\begin{aligned}
&f_n(x_1, x_2, \cdots, x_n; t_1, t_2, \cdots, t_n) \\
&= f(x_1, t_1) \cdot f(x_2, t_2) \cdots f(x_n, t_n) \\
&= \prod_{j=1}^{n}\frac{1}{\sqrt{2\pi}\delta}\exp\left[-\frac{(x-a_j)^2}{2\delta_j^2}\right]
\end{aligned} \tag{1-3}$$

其中，$\prod$ 是连乘符号。每隔一段时间来观察，城市人口在一国区域内分化成不同群体：x_1，x_2，$\cdots$，x_n。如果高斯过程中不同群体之间不是统计独立的，则：

$$\begin{aligned}
&f_n(x_1, x_2, \cdots, x_n; t_1, t_2, \cdots, t_n) \\
&= \frac{1}{(2\pi)^{n/2}\delta_1\delta_2, \cdots, \delta_n|B|^{1/2}}\exp\left[\frac{-1}{2|B|}\sum_{j=1}^{n}\sum_{k=1}^{n}|B_{jk}|\left(\frac{x_j - a_j}{\delta_j}\right)\left(\frac{x_k - a_k}{\delta_k}\right)\right]
\end{aligned} \tag{1-4}$$

其中，有

$$\begin{aligned}
a_k &= E[\xi(t_k)] \\
\delta_k^2 &= E[\xi(t_k) - a_k]2
\end{aligned} \tag{1-5}$$

$|B|$ 是归一化协方差矩阵的行列式，即：

$$|B| = \begin{bmatrix} 1 & b_{12} & \cdots & b_{1n} \\ b_{12} & b_{22} & \cdots & b_{2n} \\ \vdots & \vdots & \ddots & \vdots \\ b_{n1} & b_{n2} & \cdots & b_{nn} \end{bmatrix} \quad (1-6)$$

$|B_{jk}|$ 行列式 $|B|$ 中元素 b_{jk} 的代数余子式。b_{jk} 的归一化协方差函数：

$$b_{jk} = \frac{E\{[\xi(t_j) - a_j][\xi(t_k) - a_k]\}}{\delta_j - \delta_k} \quad (1-7)$$

为了更准确地反映城市人口增长分布的演进情况，并考虑到庞大的流动人口对城市实有人口的影响，我们选取 1985 年我国地级及以上城市的全市非农业人口进行实证分析。从图 1-3 可以看出，若将城市分为四个等级，则特大城市人口规模应在 200 万以上；大城市人口规模在 100 万~200 万；中等城市人口规模在 40 万~100 万；人口规模在 30 万以下的可以归纳为小城市。

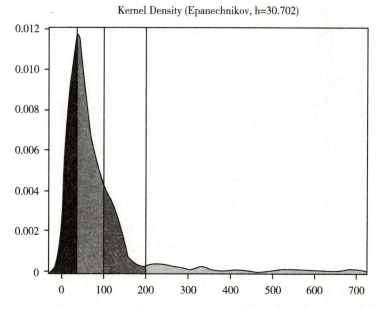

图 1-3　中国地级以上城市非农业人口规模分布（Kernel 密度函数，1985 年）

注：特大城市数量应该在主峰面积的 5% 以内。因此，选 200 万人口作为判断 1985 年的特大城市人口标准。

随着新的人口估计方法出现，对城市市辖区非农业人口的相对准确的估计

成为可能。沿用周晓津（2011，2014）的城市人口估计方法，我们选取 2010
年中国地级以上城市市辖区非农业人口为研究对象，形成图 1－4。从图 1－4
中可以看出，到了 2010 年，若将我国城市分为四个等级，则特大城市人口规
模应在 500 万以上，是 1985 年大城市人口的 2.5 倍；大城市人口规模则增加
到 200 万～500 万；中等城市人口规模在 60 万～200 万；人口规模在 60 万以
下的则应归纳为小城市。比较图 1－3 和图 1－4 中的窗宽参数 h，与 1985 年相
比，2010 年中国城市的窗宽变小了，表明我国城市人口规模分布变得更加
集聚。

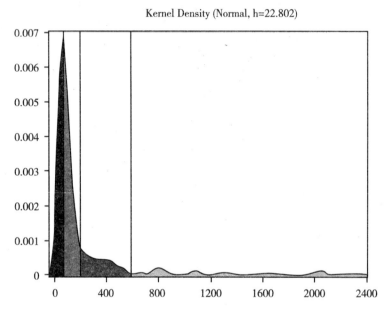

Kernel Density (Normal, h=22.802)

图 1－4　中国地级以上城市非农业人口规模分布（Kernel 密度函数，2010 年）

　　注：图中 600 万以上人口的城市已经脱离了主峰，500 万～600 万的城市个数占主峰的
5% 左右，因此 500 万成为 2010 年特大城市人口规模分水岭。

（三）城区人口 500 万以上

2014 年 7 月 30 日，国务院印发《关于进一步推进户籍制度改革的意见》
（以下简称《意见》），《意见》明确提出在全国建立城乡统一的户口登记制度。
《意见》指出，进一步调整户籍迁移政策，全面放开建制镇和小城市落户限
制，有序放开中等城市落户限制。合理确定大城市落户条件，100 万～300 万

人口的城市，符合条件可以申请落户；300 万～500 万人口的城市，要适度控制落户规模和节奏，也可结合本地实际，建立积分落户制度，大城市对参加城镇社保年限的要求不得超过 5 年。严格控制特大城市人口规模，对于 500 万人口以上城市，建立积分落户制度。

《意见》指出，要严格控制特大城市人口规模。改进城区人口 500 万以上的城市现行落户政策，建立完善积分落户制度。根据综合承载能力和经济社会发展需要，以具有合法稳定就业和合法稳定住所（含租赁）、参加城镇社会保险年限、连续居住年限等为主要指标，合理设置积分分值。达到规定分值的流动人口本人及其共同居住生活的配偶、未成年子女、父母等，可以在当地申请登记常住户口。

《意见》明确了从人口规模角度划定"特大城市"的标准，即城区人口 500 万以上的城市；《意见》认为，积分落户是特大城市人口规模控制的可行制度。从我国现行的城市人口统计制度来看，《意见》中所指的城区人口应为城区常住人口，而从积分落户政策来看，其对应的人口应为"户籍人口"。从图 1–4 来看，人口 500 万市辖区位于主峰右端。因此，采用"城区常住人口 500 万以上"作为我国"特大城市"划分的人口标准是比较合理的。

（四）《关于调整城市规模划分标准的通知》

2014 年 10 月 29 日，国务院印发《关于调整城市规模划分标准的通知》（以下简称《通知》），对原有城市规模划分标准进行了调整，明确了新的城市规模划分标准。《通知》明确，新的城市规模划分标准以城区常住人口①为统计口径，将城市划分为 5 类 7 档。城区常住人口 50 万以下的城市为小城市，其中 20 万以上 50 万以下的城市为Ⅰ型小城市，20 万以下的城市为Ⅱ型小城市；城区常住人口 50 万以上 100 万以下的城市为中等城市；城区常住人口 100 万以上 500 万以下的城市为大城市，其中 300 万以上 500 万以下的城市为Ⅰ型大城市，100 万以上 300 万以下的城市为Ⅱ型大城市；城区常住人口 500 万以上

---

① 城区是指在市辖区和不设区的市，区、市政府驻地的实际建设连接到的居民委员会所辖区域和其他区域。常住人口包括：居住在本乡镇街道，且户口在本乡镇街道或户口待定的人；居住在本乡镇街道，且离开户口登记地所在的乡镇街道半年以上的人；户口在本乡镇街道，且外出不满半年或在境外工作学习的人。

1000 万以下的城市为特大城市；城区常住人口 1000 万以上的城市为超大城市①。

与 1989 年《城市规划法》中的城市规模划分标准相比，新标准有 4 点重要调整：一是城市类型由 4 类变为 5 类，增设了超大城市。二是将小城市和大城市分别划分为两档。三是人口规模的上下限普遍提高。小城市人口上限由 20 万提高到 50 万，中等城市的上下限分别由 20 万、50 万提高到 50 万、100 万，大城市的上下限分别由 50 万、100 万提高到 100 万、500 万，特大城市下限由 100 万提高到 500 万②。四是将城市人口的统计口径由非农业人口界定为城区常住人口。

根据这一标准，全国大部分城市将会被降级，很多城区人口不到 500 万的，将不被定义为特大城市。从国家统计局的数据来看，截至 2013 年全国城区常住人口超过 1000 万的有 7 个城市，分别是北京、上海、天津、重庆、广州、深圳、武汉；城区人口达到 500 万~1000 万的有 11 个城市，分别是成都、南京、佛山、东莞、西安、沈阳、杭州、苏州、汕头、哈尔滨和香港（见图 1-5）。而《国家新型城镇化规划（2014~2020 年）》中公布的超大城

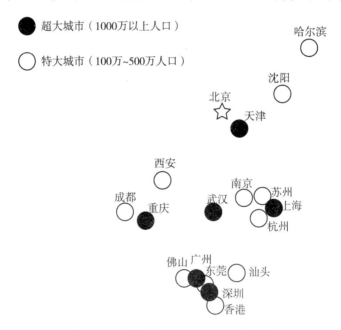

图 1-5 中国大陆特大城市与超大城市

市只有6个，按常住人口统计，规模排在前6名的城市分别是北京、上海、天津、重庆、广州、深圳，武汉并没有纳入；符合特大城市标准的有10座城市；符合大城市标准的有124个。

值得注意的是，国务院在下发通知时，并没有同时下发城市名单。这给不少城市留下博弈的时间和空间，但时间估计只有6个月的窗口期。我们认为，作为"超大城市"，必须满足两个标准：一是城区常住人口在500万以上；二是总人口1000万以上。虽然在我们的研究过程中城市人口规模标准发生了重大变动，但我们的研究范围基本上着眼于满足这两个标准的城市①。

三、城区人口500万以上的特大城市

（一）现有的特大城市及其人口

事实上，早在2010年，我国市辖区常住人口在500万以上的城市就有21个。其中包括：4个直辖市、12个副省级城市②、1个省会城市（郑州）、3个地级市（东莞、佛山、苏州）和1个经济特区（汕头）。如果仅以市辖区户籍人口标准来衡量，重庆、上海、北京等3个城市可称为超大城市；天津、广州、西安、南京、成都、武汉、汕头、沈阳、郑州等9个城市成为特大城市；剩下的9个连特大城市标准也没有达到。而以市辖区实有人口（估计数）来看，国内已经有10个城市达到超大城市标准：上海、北京、广州、深圳、重庆、东莞、西安、天津、佛山和武汉；剩下的11个城市达到特大城市人口标准③（见表1-1）。

---

① 本小节内容是在本研究课题完成初稿之后加入，后述所讲的"特大城市"与国务院通知中所说的"超大城市"基本一致，不同之处主要在于我们着重于城市人口估计。

② 全国共有15个副省级城市：哈尔滨、长春、沈阳、济南、南京、杭州、广州、武汉、成都、西安、大连、青岛、宁波、厦门、深圳。长春、宁波、厦门3个城市市辖区人口尚未达到500万。

③ 东莞市域总人口在2010年就远超特大城市人口规模标准，但东莞市的莞城、南城、东城和万江等4区人口估计为250万左右，低于城区500万以上标准，故应排除在我国特大城市之列。汕头市虽然也超过500万人，但其市域面积太大，且有些区原为县级区域或县级市，连片的城市区域人口没有达到前述定义标准。将东莞和汕头剔除之后，在中国大陆满足城区人口500万以上的特大城市也有19个。

表 1－1　　　　　　　　　中国特大城市人口估计（2010 年）

序号	城 市	行政级别	全市总人口（估计）	市辖区人口（估计）	全市户籍人口	市辖区户籍人口	外来人口（估计）
1	上海市	直辖市	2502	2495	1412.32	1343.37	1089.68
2	北京市	直辖市	2243	2180	1257.8	1187.11	985.2
3	广州市	副省级	2117	1861	806.14	664.29	1310.86
4	深圳市	副省级	1826	1826	259.87	259.87	1566.13
5	东莞市	地级市	1651	1651	181.77	181.77	1469.23
6	重庆市	直辖市	2651	1759	3303.45	1542.77	－652.45
7	西安市	副省级	1658	1435	782.73	562.65	875.27
8	天津市	直辖市	1188	1170	984.85	807.02	203.15
9	佛山市	地级市	1113	1113	370.89	370.89	742.11
10	武汉市	副省级	1229	1019	836.73	520.65	392.27
11	杭州市	副省级	1130	902	689.12	434.82	440.88
12	成都市	副省级	1846	910	1149.07	535.15	696.93
13	南京市	副省级	994	874	632.42	548.37	361.58
14	沈阳市	副省级	927	857	719.6	515.42	207.4
15	济南市	副省级	918	807	604.08	348.02	313.92
16	郑州市	省会城市	946	689	963	510	－17
17	青岛市	副省级	1026	569	763.64	275.5	262.36
18	苏州市	地级市	1372	561	637.66	242.48	734.34
19	大连市	副省级	733	537	586.44	304.26	146.56
20	汕头市	经济特区	558	557	524.11	516.74	33.89
21	哈尔滨市	副省级	1065	571	992.02	471.79	72.98

注：表中人口数据单位为万人。采用周晓津、张强（2014）的人口估计方法。

从大区域来看，东北地区有 3 个特大城市：哈尔滨、沈阳和大连；华北地区有 4 个特大城市：北京、天津、济南、青岛；华东地区有 4 个特大城市：上海、杭州、南京、苏州；华中地区有 2 个特大城市：武汉、郑州；华南地区有 3 个特大城市：广州、深圳、佛山；西南有 2 个特大城市：成都、重庆；西北地区有 1 个特大城市：西安。从城区人口规模来看，北上广深市辖区人口位居全国前 4，多于重庆市，是全国名副其实的一线城市。市辖区人口在 1000 万以上的特大城市有 9 个，800 万 ~ 1000 万的特大城市有 5 个。剩下的 6 个城市中，郑州作为户籍人口最多省份的河南省省会城市，其人口规模近年来迅猛增长，很快会跨入市辖区人口 800 万以上城市行列。截至 2010 年，除重庆和郑州是人口净流出的城市外，其余城市都吸纳了大量的外来人口，深圳、东莞、广州、上海、北京、西安、佛山、苏州、成都和杭州等 10 个城市共吸纳了约 1 亿的外来人口①。

（二）潜在的特大城市及其人口

研究中我们注意到，一些省会城市和沿海城市虽然目前尚没有达到特大城市人口标准，但从我国的城市化进程和城市人口增长态势来看，如果特大城市人口标准在未来 20 年内维持不变，则这些城市很可能成为新的特大城市。因此，我们将市辖区估计人口在 300 万以上的城市纳入考察视野。结果表明，除上述实有的 21 个特大城市外，从市辖区估计人口来看，中国还有 11 个城市的市辖区实有人口超过 400 万，这些城市都有可能成长为新的特大城市（见表 1 - 2）。

表 1 - 2　　　　　中国潜在特大城市人口估计（2010 年）

序号	城市	行政级别	全市总人口（估计）	市辖区人口（估计）	全市户籍人口	市辖区户籍人口	外来人口（估计）
1	石家庄市	省会城市	792	489	989.16	243.87	- 197.16
2	太原市	省会城市	523	491	365.5	285.01	157.5
3	无锡市	地级市	814	481	466.56	238.61	347.44

---

① 2014 年年底，东莞吸纳的外来人口大幅下降，比 2010 年减少 300 万左右。深圳和佛山外来人口下降幅度也较大，而重庆和郑州等中西部城市外出人口大量回流，并吸引周边地区人口流入。

序号	城市	行政级别	全市总人口（估计）	市辖区人口（估计）	全市户籍人口	市辖区户籍人口	外来人口（估计）
4	中山市	地级市	463	463	149.18	149.18	313.82
5	厦门市	副省级	453	453	180.21	180.21	272.79
6	贵阳市	省会城市	534	450	337.16	222.03	196.84
7	长沙市	省会城市	845	438	652.4	241.73	192.6
8	南昌市	省会城市	523	435	502.25	212	20.75
9	宁波市	副省级	903	417	574.08	223.35	328.92
10	温州市	地级市	1056	404	786.8	145.77	269.2
11	常州市	地级市	537	406	360.8	227.75	176.2
12	吉林市	地级市	466	396	434.03	183.47	31.97
13	福州市	省会城市	718	388	645.9	188.59	72.1
14	长春市	副省级	643	388	758.89	362.75	-115.89
15	唐山市	地级市	575	372	735	307.53	-160
16	惠州市	地级市	595	352	337.28	133.88	257.72
17	南宁市	省会城市	555	358	707.37	270.74	-152.37
18	湛江市	地级市	459	344	777.77	153.33	-318.77
19	海口市	省会城市	337	337	160.43	160.43	176.57
20	昆明市	省会城市	622	326	583.99	260.24	38.01
21	合肥市	省会城市	454	317	494.95	215.58	-40.95
22	淄博市	地级市	407	314	422.36	279.6	-15.36
23	临沂市	地级市	836	303	1072.69	210.93	-236.69
24	烟台市	地级市	713	300	651.14	178.9	61.86
25	徐州市	地级市	697	310	972.89	312.72	-275.89

注：表中人口数据单位为万人。采用周晓津、张强（2014）的人口估计方法。

在表1-2中市辖区估计人口在400万以上的城市中，石家庄、长沙和南昌3个省会城市最有可能进入特大城市俱乐部：其一，这三个城市户籍人口规模比较大，特别是石家庄，其本身户籍人口2010年就已经接近千万级别；其二，这三个城市所在省份中汉族人口占比较高，而汉族具有较大的流动性，本省人口继续流入的压力较大；其三，相对于其他同人口级别的城市，这三个城市的人口分布相对聚集，其形成的聚集效应尚处于加速状态。值得注意的是，那些拥有大量外出人口的城市，如能加快发展吸引外出人口回流，则有可能成为新的特大城市。

太原估计总人口虽然已经超过500万，市辖区估计人口也接近500万大关。但从地形上看，其受东西山地影响，城市只能南北扩展，且城市的东南扩展受行政地域限制，东南方向扩展的结果是与晋中市一体化。无锡市在2010年总人口已经突破800万，市辖区人口在500万左右。由于无锡城市人口的膨胀动力更多地来自外来人口的输入，且大部分为农民工。在农民工输入动力减弱且向中西部转移的大背景下，加之江苏省内农民工回流，无锡总人口继续增长的动力较弱，进入特大城市的可能性也较弱。中山的情形与东莞相类似，属于镇域经济较发达的地区，小榄、古镇、三乡等离中心城区较远的镇经济发达，人口密集。自2008年以来，中山外来劳动力估计减少50万以上，因此中山市基本上退出特大城市争夺行列。厦门作为经济特区和副省级城市，地域面积仅1700平方公里，来自福建全省的人口流入更多地由厦漳泉三角洲吸纳，对厦门的冲击远不如其他省会城市，省会福州也会吸纳一部分省内流动人口上，加上全国人口流动转身，厦门人口继续膨胀的可能性大为降低。

我们发现，国内特大城市或城市群人口规模最多为其辐射区域的30%左右。从这一经验看，贵阳及其邻近城市最多可聚集贵州省30%的人口，但贵州少数民族占全省人口比例接近40%，而少数民族流动意愿极低，因此从我们的经验发现来看，贵阳市最多可聚集600万人口。有报道指出[①]，在贵阳总共有花果园、中天未来方舟、中天会展城、中铁逸都国际、美的林城时代、中渝第一城、中国铁建国际城、金阳新世界花园、保利公园2010、中天花园、腾龙湾、中国水电观府壹号、乐湾国际等13个体量超过100万平方米的超级大盘总建筑面积接近4500万平方米，其中规划居住人口可达110万人。此外，

---

① 资料来源：中国经济网（2012-10-9），北京搜狐焦点网地产评论——"贵阳楼市拉响过剩警报 政府托市或成鄂尔多斯第二"，http：//house. focus. cn/news/2012-10-9/2409373. html。

贵阳超过50万平方米以及超过20万平方米的在建楼盘不下30个，预计总建筑规模3000万平方米以上，规划居住人口接近100万人。从贵阳人口聚集的现状和趋势来看，贵阳至少再新增100万以上的人口，即总人口700万以上才能消化房地产业建设产能，而这种可能性极小，产业风险则极大。

第二章

城市人口规模估计与主要增长动力

　　在人口快速而且大规模流动的背景下，国内特大城市的人口自 20 世纪 80 年代以来就进入了"一直在控制，总是被超越"的怪圈。例如，上海市 2005 年的常住人口有 1890.26 万人，超过了原先官方 2020 年上海常住人口 1850 万的预测值，现实比预测提前了 15 年；北京市 2008 年的常住人口就已经超越了原政府设定的 2020 年常住人口 1800 万的控制目标。出现这种情况的根本原因是地方政府只需为本地户籍人口负责，对于外来人口的规模把握不清，也害怕庞大的外来人口占用本来就有限的财政资源。

　　另外，官方公布的无论是常住人口还是户籍人口或外来人口数据，往往都是呈现逐年加速增长的态势，与城市人口规模的波动事实不符。以往历次特大城市人口控制目标的落空，与地方政府对外来人口的数量、就业行业、流动特点等方面模糊不清有着非常直接的关系。如果连现在一个城市实际上有多少人口都不清楚，那么要设定长远的人口控制目标和政策无疑是镜里看花或水中捞月，其结果必然是离题万里。

　　人口的调查和统计需要耗费巨大的人力和资金成本。要弄清一个面积几十平方公里的城市人口规模是相对容易的，而要把握建成面积在几百平方公里以上的特大城市人口规模，就需要利用各种数据来估计城市的人口规模。利用这些现成的数据来估计特大城市人口规模，一是成本低廉，二是数据易得。相比人口普查和 1% 人口抽样调查，人口估计的方法往往可以得到事半功倍的效果；进一步而言，由于特大城市人口规模庞大，即使估计值与实际值有 50 万的误差，也只相当于 5% 的估计偏差。

一、城市人口估计方法

要从复杂的、瞬息万变的世界中找出规律，去揭示区域真实人口的本来面貌，必须以辩证的认识论为指导，以经济学、人口学和社会学领域内的经典理论和最新理论为基础，以当代的最新科技成果、数学、计算机为工具，并与其他学科的具体实践相结合，去研究符合调查研究结论的人口估算方法。估算方法和结果需要估计人员的知识、经验、洞察力和远见卓识。人口估算的最基本的理论就是估算数据应当符合概率统计规律，由此可以由样本估算总体。

在手机日益普及的时代，只要弄清特大城市的人口结构，就可以相对有效和快速的估计城市人口规模。我国各省、市、县都将年末移动用户总数、城镇和农村居民每百户拥有手机部数纳入统计范围，利用这些数据稍加变动就可以估算城市人口。2007 年之后，中国城镇人口的手机拥有率已经高达 90%，这为手机人口估计法提供了极大的便利。利用城市手机用户数量来估计城市人口时要特别注意以下几点：一是利用户籍人口数量和户籍人口人均手机拥有量估计本地人口的手机数量；二是将该城市移动用户总数减去本地人口占有的手机数量，从而得到外来人口占有的手机数量[①]；三是利用第三方调研或其他途经得到外来人口人均手机占有率，从而推算出外来人口的数量。利用手机用户数量还可以估计一个城市的劳动力人口。例如，2007 年我国大部分地区 90% 以上的成年人口拥有一部手机的信息，我们可以根据此年度某城市手机数量就大致可以推算该城市的劳动力数量。

以北上广深四个一线城市为例。2013 年年末北京、上海、广州、深圳 4 个特大城市的手机用户数量分别为 3373.8 万户、3200.65 万户、3193.3 万户和 2553.5 万户，北京手机用户比上海多，广州与上海十分接近，深圳比广州少 600 多万户。乍一看来，北京的人口似乎应该比上海还多，广州人口似乎应该与上海差不多。但考虑到上海的户籍人口比北京多 100 万左右，比广州多 600 万左右，由于户籍人口包含 0～14 岁以及老龄人口，而外来人口主要集中在 24～45 岁的中青年年龄段，因此外来人口人均手机拥有率肯定高于本地户籍人口。

[①] 前提是此市本地人口外出的百分比较低，因此这种方法比较适合人口大量流入而流出较小的城市，特大城市符合这一前提。

由于人类本身生理条件的限制，每个人对某些必需品的消费是有最大限量的，样本人口平均消费从概率统计上讲在某一特定时期的完全与总体人口消费保持一致或者相等。如同一城市的人们日常生活中消耗掉的水、电、蔬菜、水果、肉类、粮食等在人均测量时基本上是相等的。我们可以利用城市人口的刚性消费量来估计城市人口数量。例如，2005 年北京市粮食总消费量达到 635 万吨，其中大米年销量占到了成品粮总销量的 60% 以上[①]。同期我国人均粮食消费量 365 公斤，由此可以大致推算出北京市 2005 年城市人口规模为 1740 万人。可以发现，这一数据与手机用户估计法得到的结果非常接近。1998～2002 年，北京每年的粮食消费量在 60 亿公斤左右，用粮人口在 1600 万以上[②]。

大米是我国南方城市的主粮。广东省粮食储备局提供的数据显示：2007～2009 年广东省大米的消费需求量分别为 1255 万吨、1222 万吨、1227 万吨，反映出总体需求量变化不大，如与 2003 年 1318 万吨的消费量相比，近 3 年分别下降 4.8%、7.3% 和 6.9%，反映出全省大米消费需求量有下降的趋势[③]。周晓津（2011）的研究表明，广东总人口在 2005 年达到顶峰，2004 年广东有 4200 万左右的跨省外来人口。2007～2009 年的波动与广东省跨省外来人口返乡激增相符合，表明这种下降更多地来自外来人口的减少。广州市发改委粮食调控处提供的数据：2007～2009 年广州市场大米销售量连续 3 年稳定在 127 万吨左右。实际上广州市在这些年份每年大米消费量在 180 多万吨左右，即日均 5000 吨。

2007～2009 年，东莞市各类大米的批发量分别为 176.05 万吨、223.21 万吨[④]、147.78 万吨。东莞大米批发量的大幅度减少与同期东莞外来人口大规模返回流出地直接相关。国家粮油交易中心的数据显示，2002 年以来，我国人均大米消费量连续五年缩减，人均大米年消费量从 107.5 公斤左右减少到了 97.5 公斤左右，平均每年减少 2 公斤，年降幅达 2.15%。专家认为，世界大米消费需求的缩减，使大米经济面临着需求缩减带来的挑战，这无疑会对我国

---

① 资料来源：北京日报（2006-3-3）"北京市居民粮食总消费量达到 635 万吨 60% 是大米"，http：//www. china. com. cn/chinese/difang/1141243. htm.

② 资料来源：《人民日报》（2002 年 7 月 8 日第 2 版）http：//www. people. com. cn/GB/guandian/28/20020708/770656. html.

③ 资料来源：百度百科《广东省大米消费变化情况调查》，http：//wenku. baidu. com/view/5e4a0608581b6bd97f19eaa7. html.

④ 资料来源③，我们认为 2008 年的数据可能有误，误差可能在百万吨左右。

稻米生产产业化的进程产生影响。由于外来人口中低龄及高龄人口极少，因此东莞外来人口大米的实际消费量应比全国平均水平高15%左右，即人均115公斤，由此可以初步估计东莞2007年和2009年的人口分别为1530万和1285万，再加上东莞本地户籍人口的30%的低龄和老龄人口，从而得到东莞对应年份的总人口分别为1605万和1360万，东莞受全球金融危机的冲击导致的人口减少十分明显。

据上海市粮食局相关人士披露，上海的年大米销售量约为280万吨。其中居民的食用口粮约在220万~230万吨，其余50万~60万吨大米为工业用米。5年前，上海常住人口人均每月家庭大米消费量不到8.5公斤，如果加上居民在单位、在餐馆食用的大米，人均每月大米消费量约为10公斤。按照2013年上海2400万人口年消费225万吨（均值）大米计算，每人每月的大米消费量为7.8公斤，上海人均大米消费量降到了历史最低点[①]。我们认为，上海人均大米消费量的降低的真正原因是上海建筑业和其他行业的农民工回流所导致，而非上海常住人口大米消费量的减少所导致。

特大城市人口规模估计需要随时关注各种有关的数据和信息，绝对不能只依靠一种估算方法，而是要尽可能地利用多种估算方法并进行对比验证与分析，以保证估算结果的一致性、可靠性和可信性。随着大数据应用的兴起，越来越多的数据和方法可以用于特大城市人口规模估计。更多的人口估计方法及实例可参考周晓津（2011）出版的《劳动力流动视野下的中国区域经济增长研究》（经济科学出版社，2011年8月）中的区域人口估计方法，也可以网络搜索找到更多的方法。

二、农民工流动与特大城市人口增长

农民工总量增长是特大城市人口增长的主因。从国家农业部的抽样调查报告来看，中国农民工总量持续增长，从1997年的4461万人增长到2005年的

---

① 资料来源：上海商报（记者：叶松，2012 – 8 – 30）"本市人均大米消费量降至历史最低"，http://www.shbiz.com.cn/Item/185936.aspx.

1.4 亿人[①]。而周晓津（2011）研究发现，农业部的抽样调查中的外出农民工仅为跨省流动农民工的数量，且 2000 年以前对农民工规模存在严重的低估；1997～2000 年，受亚洲金融风暴的影响，农民工外出就业困难，从而使得全国农民工规模一度维持在比较稳定的状态。

2005 年之后，中国农民工规模增长缓慢，2007 年达到顶峰，跨省流动农民工达到 1.5 亿以上。2008 年受全球金融危机的冲击，国内农民工因失业而回流至其户籍所在地，回流规模在 2000 万左右。在国家"四万亿"政策的刺激下，全国农民工规模在 2011 年再次达到顶峰。2010 年全国第六次人口普查之后，国家统计局发布的农民工总量数据准确度大为提高，所不同的是，外出农民工不再是跨省流动农民工数量，还包含一小部分省内流动农民工数量（见表 2－1）。值得注意的是，农民工表面数字增长的背后只是流动农民工在城市常住化沉淀加速而已。

表 2－1　　　　　　中国农民工规模（2008～2013 年）　　　　单位：万人

指　　　标	2008 年	2009 年	2010 年	2011 年	2012 年	2013 年
农民工总量	22542	22978	24223	25278	26261	26894
1. 外出农民工	14041	14533	15335	15863	16336	16610
（1）住户中外出农民工	11182	11567	12264	12584	12961	13085
（2）举家外出农民工	2859	2966	3071	3279	3375	3525
2. 本地农民工	8501	8445	8888	9415	9925	10284

资料来源：国家统计局《2013 年全国农民工监测调查报告》，2014－5－12，http：//www. stats. gov. cn/tjsj/zxfb/201405/t20140512_ 551585. html。

直辖市、省会城市和地级市（包括副省级）是农民工外出就业的主要目的地。国家统计局 2013 年抽样调查数据表明，有 1410 万外出农民工流向直辖市，其中跨省流动的有 295 万人（见表 2－2）。而据重庆市劳务部门统计，截至 2012 年 11 月，在重庆 914.9 万农民工中，重庆市外就业农民工 410.1 万

---

① 农业部抽样调查结果表明，我国农民工规模 1998 年为 5481 万人，1999 年 6683 万人，2001 年为 8961 万人，2002 年为 9400 多万人，2003 年为 1.1 亿，2004 年为 1.2 亿，2005 年达到 1.4 亿多人，约占全国总人口的 11%。

人，重庆市内就业504.8万人①。据官方统计口径，2013年年末，沪京津三个直辖市外来人口净流入量2233.7万人，其中农民工超过900万人。

表2-2　　　　　2013年按城市类型分的外出农民工人数及构成　　　单位：万人，%

指　标	合计	直辖市	省会城市	地级市（包括副省级）	小城镇	其他
外出农民工人数	16610	1410	3657	5553	5921	69
其中：跨省流动	7739	1115	1749	3064	1742	69
省内流动	8871	295	1908	2489	4179	0
外出农民工构成	100	8.5	22	33.4	35.7	0.4
其中：跨省流动	100	14.4	22.6	39.6	22.5	0.9
省内流动	100	3.3	21.5	28.1	47.1	0

资料来源：国家统计局《2013年全国农民工监测调查报告》，2014-5-12，http://www.stats.gov.cn/tjsj/zxfb/201405/t20140512_551585.html。

整体上看，省会城市是农民工重要流入目的地。如表2-3所示，2010年，全国26个省会城市农民工净流入量估计为3137.5万人。由于石家庄、长春、合肥和南宁四个省会城市无法全部吸纳所辖县市外出农民工，因此这部分农民工需要流向市外寻求就业机会，而其余省会城市不但可以为其所辖区域内县市外出农民工提供就业，而且需要可以为市外农民工提供就业。广州、成都和西安三大省会城市吸纳农民工数量最多，其次是武汉、杭州、南京、长沙和贵阳等省会城市对农民工就业的吸纳能力也相当强劲。所不同的是，东部沿海地区省会城市的农民工吸纳能力在2007年后逐步减弱，而中西部省会城市的农民工吸纳能力逐步增强，并有相当部分的农民工来自沿海地区回流。就本研究而言，只有16个省会城市人口规模超过600万，其余10个省会城市虽然达到1989年我国城市分级体系的特大城市人口标准，但并不纳入本书的研究范围。

---

① 资料来源：新华网（2012-11-2）. http://news.xinhuanet.com/politics/2012-11/02/c_113590824.htm.

表 2 - 3　　　　2010 年省会城市人口数量及市外流入农民工数量估计　　　单位：万人

排序	城市	年末户籍人口	年末估计人口	年末常住人口	市外流入农民工
	合　计	22628.7	29459.2	26458.6	3137.5
1	广　州	806.1	2054.3	1270.1	624.1
2	成　都	1149.1	1758.6	1404.7	457.1
3	西　安	782.7	1330.9	846.8	411.2
4	武　汉	836.7	1179.0	978.5	256.7
5	杭　州	689.1	1028.5	870.0	254.6
6	南　京	632.4	905.9	800.4	205.1
7	济　南	604.1	843.7	681.4	179.7
8	长　沙	652.4	883.4	704.4	173.2
9	沈　阳	719.6	916.8	810.6	147.9
10	贵　阳	337.2	514.6	432.5	133.1
11	海　口	160.4	296.9	204.6	102.4
12	太　原	365.5	483.2	420.2	88.3
13	哈尔滨	992.0	1091.6	1036.5	74.7
14	乌鲁木齐	243.0	313.7	311.0	53.0
15	兰　州	323.5	390.4	361.6	50.2
16	昆　明	584.0	649.1	643.2	48.8
17	呼和浩特	229.6	292.8	286.7	47.5
18	福　州	645.9	705.9	711.5	45.0
19	银　川	158.8	204.9	199.3	34.6
20	西　宁	220.9	240.3	220.9	14.6
21	南　昌	502.3	513.9	504.3	8.8
22	郑　州	963.0	968.3	862.7	4.0

续表

排序	城市	年末户籍人口	年末估计人口	年末常住人口	市外流入农民工
	合　计	22628.7	29459.2	26458.6	3137.5
23	合　肥	495.0	461.5	570.3	(33.5)
24	南　宁	707.4	649.5	666.2	(57.9)
25	长　春	758.9	697.1	767.7	(61.7)
26	石家庄	989.2	865.3	1016.4	(123.8)

注：在进行人口估计时，我们对不同区域的城市进行了调整，因而最终估计结果与表2-1相比有一定的差别。

资料来源：户籍人口和年末常住人口来源于《中国统计年鉴（2011）》，年末估计人口和市外（净）流入农民工为估计数。

除直辖市和省会城市外，农民工也是其他地级市（包括特区城市、副省级城市和计划单列市）人口增长的主要来源。在这些城市中，深圳和东莞是国内吸纳农民工就业最多的城市。佛山和苏州吸纳农民工也比较多。温州吸纳外市农民工规模也在300万以上，由于温州本地户籍人口流出规模也相当大，因此其农民工净流入量排名比较靠后。青岛和大连则需要消化本地所辖县市农民工就业，因此农民工净流入量排名也比较靠后。除厦门外，表2-4中其余9个城市从总人口的角度来看都是特大城市。

表2-4　　　2010年非直辖市、非省会城市人口数量及市外流入农民工数量估计　　　单位：万人

排　名	城　市	年末户籍人口	年末估计人口	年末常住人口	市外流入农民工
1	深　圳	259.9	1639.3	1035.8	1034.6
2	东　莞	181.8	1304.9	822.0	842.3
3	佛　山	370.9	935.2	719.4	423.2
4	苏　州	637.8	1193.5	1046.6	416.9
5	无　锡	465.7	727.4	637.3	196.4

续表

排　名	城　市	年末户籍人口	年末估计人口	年末常住人口	市外流入农民工
6	宁　波	574.1	826.7	760.5	189.5
7	厦　门	180.2	394.1	353.1	160.4
8	温　州	779.1	984.3	912.2	153.9
9	青　岛	763.6	963.1	871.5	149.6
10	大　连	586.4	729.1	669.0	107.0

注：进行人口估计时针对不同城市进行系数调整，不同城市农民工比例差异较大，因而估计结果与表 2 - 1 有所不同。

三、流出地的人口城乡分布——以湖南为例

在外出人口和城市实际人口被低估的同时，农村人口则存在严重的高估。以湖南省邵阳市为例，2008 年邵阳市 725 万的户籍人口中，保守估计的乡村实有人口仅剩下 278.45 万人，邵阳市区、下属各县城及各镇实有人口 232.55 万人，其余 214 万人则流出邵阳区域以外。以邵阳市隆回县周旺镇斜岭乡为例，全乡 12000 人口中，仅在广东省中山市小榄镇务工的农村劳动力就有 2000 余人；隆回县雨山镇茅坪村外出务工人员则主要集中在广州市番禺区钟村镇。在邵阳市下属各县内部，农村人口主要流向县城及镇政府所在地，以隆回县为例，2009 年全县 116.88 万户籍人口中，流向邵阳市以外的人口为 41.81 万，占全县户籍总人口的 35.77%，剩下的 75 万户籍人口主要分布在隆回县城、六都寨镇、金石桥镇和滩头镇等大镇，其中隆回县城在中小学开学期间总人口超过 30 万；农村剩下的人口平时不到 20% 的人口，过年期间也难以超过 30%[①]。

2004 年以来，与全国大多数人口迁出地级市相同，邵阳人口在空间分布上大致呈现明显的 "三三制"：即本地城镇、本地乡村和外出人口各占 1/3。

---

① 在湖南省隆回县，一些得到政府定向扶贫的农村留下来的劳动力比较多，且年龄大部分在 40 岁以上，青年劳动力极少；其他离城镇较远的农村 60 岁以下的劳动力也极为稀缺，从事农业劳动的主要是 60～75 岁的半劳动力。

2008 年，邵阳城镇人口约占户籍人口 32.08%，232.55 万人，本地乡村人口约占户籍人口 38.41%，278.45 万人，外出人口占户籍人口 29.52%，214 万人。实际上，如果没有户籍制度，则乡村大量的留守人口将随外出打工人员一起流向全国其他地区，人口空间的"三三制"分布更加明显。百度公司提供的 2015 年春运人口迁徙大数据显示，邵阳人口流向呈现明显的"十"字形：即沿京广线向南珠三角（深圳占首位），向北流向武汉、北京；沿沪昆线向东流向长三角和福建的厦漳泉三角洲，向西流向云贵地区（见图 2-1）。2004 年以前，广东珠三角是邵阳人主要流向地，高峰年份 90% 的邵阳人流向深圳、东莞、广州等珠三角核心城市。2004 年之后，长三角吸引力逐步增强，2007 年之后西部大开发发力，邵阳人口外出逐步多元化，但广东仍是邵阳人口流向的主要目的地，2014 年底约占邵阳总流出人口的 70%。

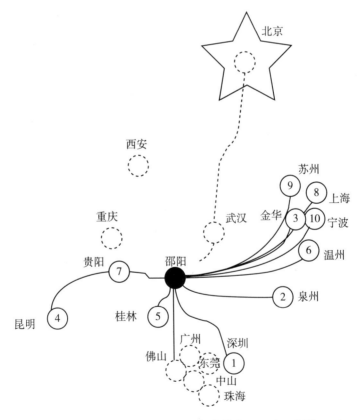

图 2-1 湖南省邵阳市 2015 年春节人口回流示意图

根据邵阳市官方1025户的人口调查资料,结合乡村田野调查,我们估计了2009年邵阳市各区县流动人口的基本情况。从表2-5中可以看出,2009年邵阳全市331万农业人口中,只剩下81.8万农业劳动力,从事非农业劳动力则高达212.6万人;全市实际从事的非农业劳动力有224.2万人。2009年邵阳市户籍总人口764.1万人,实际居住在该市的户籍人口543.7万人;流向邵阳市外的人口220.5万人,其中141.6万人流向省外,其余78.8万人主要流向长株潭、郴州、岳阳和衡阳等地区。全市外出劳动力保守估计161.4万人,流向省外103.7万。

表2-5 　　　　　　　　湖南省邵阳市流动人口规模估计 (2009年)

区县	农业人口	实有农业劳力	非农业人口	实有非农业劳力	实有人口	户籍人口	跨市流出人口	省内流动	省外流动	劳力总量	外出劳力	省内流动	省外流动
市区	—	3.6	5.3	29.4	76.7	67.3	-9.4	-3.4	-6.0	40.2	7.1	2.6	4.6
邵东	60.4	9.8	30.4	41.5	90.8	118.6	27.8	9.9	17.9	70.5	19.3	6.9	12.4
新邵	25.3	7.8	25.5	30.3	50.8	80.1	29.3	10.5	18.8	53.3	15.3	5.5	9.8
邵阳	28.7	12.7	31.1	23.8	59.8	99.8	40.0	14.3	25.7	61.5	25.0	8.9	16.1
隆回	38.6	13.5	36.5	26.1	75.1	116.9	41.8	15.0	26.9	66.3	26.7	9.6	17.2
洞口	28.3	8.3	24.1	27.2	52.4	83.0	30.6	10.9	19.7	51.8	16.4	5.9	10.5
绥宁	15.2	4.6	11.1	9.8	26.3	35.7	9.4	3.4	6.0	23.5	9.1	3.3	5.8
新宁	24.5	8.5	17.3	13.4	41.8	60.7	18.9	6.8	12.1	38.9	16.9	6.0	10.8
城步	11.2	3.1	8.0	6.0	19.1	26.3	7.2	2.6	4.6	15.1	6.1	2.2	3.9
武冈	27.4	9.9	23.4	16.8	50.8	75.7	24.9	8.9	16.0	46.2	19.5	7.0	12.5
合计	331.0	81.8	212.6	224.2	543.7	764.1	220.5	78.8	141.6	467.3	161.4	57.7	103.7

根据湖南省各市州城镇和农村手机拥有率,结合乡村田野调查,我们估计了2010年湖南人口及其分布。从表2-6中可以看出,根据各市州城镇和农村手机拥有率,2010年,湖南省居住在城镇的人口应该拥有2135万户手机,居住在湖南农村的人口应该拥有2262万户手机,全省应该拥有4397万户手机,但全省实有手机3260万户,其余1137万户手机为湖南人在外省拥有的手机数,即在7000万的湖南户籍人口中,保守估计有1137万湖南人出省,湖南实

际的常住人口不到 6000 万（约为 5860 万左右）。2008 年以来，随着沿海产业向中西部转移，邵阳流出人口开始回流。根据百度公司 2015 春运人口迁徙大数据推算，2014 年年底，邵阳流出人口 208.87 万人，比 2010 年减少了近 20 万人。随着人口外出地区的人口回流，沿海特大城市人口增长的动力进一步减弱。

表 2-6　　　　　　　　　湖南各市州人口估计（2010 年）

市州	总人口（万人）	城镇人口应有手机（万户）	农村人口应有手机（万户）	本地应有手机数（万户）	本地实有手机数（万户）	人口净流出估计（万人）	实有人口（万人）
全　省	6570	2135	2262	4397	3260	1137	5433
长沙市	704	386	148	534	739	(205)	909
株洲市	386	173	112	285	232	53	332
湘潭市	275	112	89	201	164	37	238
衡阳市	715	231	238	469	279	190	525①
邵阳市	707	169	285	454	225	228	479
岳阳市	548	183	177	360	258	102	445
常德市	571	161	210	371	235	136	435
张家界	148	39	57	95	76	19	128
益阳市	431	125	155	280	181	99	332
郴州市	458	139	160	299	231	68	391
永州市	519	133	201	335	175	160	359
怀化市	474	124	182	306	189	117	357
娄底市	378	96	148	244	173	71	307
湘西州	255	64	100	164	104	61	194

在湖南，从事第一产业的劳动力实际只有 700 多万人甚至更低。官方统计

---

① 据衡阳市农村劳动力转移课题组的调查报告，衡阳曾是湖南省流出劳动力最多的地级市，超过 220 万衡阳农村劳动力流出，其中 80% 以上流向广东省。2008 年以来，大量衡阳返乡农民工留在衡阳，京沪高铁的开通及来自广东的产业转移吸纳了相当多的衡阳农民工本地就业，因而 2010 年衡阳外出农民工比邵阳要少。

的 1527 万的乡村从业人员中，800 多万人实际属于非农就业人员（见表 2－7）。早在 2004 年，广东 4200 多万的跨省外来人口中，湖南约占 1/5，其中 700 万来自湖南农村的劳动力。据中新网 2008 年 11 月报道称，作为劳务输出大省，湖南外出务工人员达到 1200 万。官方预计，2009 年，湖南将有 280 多万农民工回流湖南。据中国劳动保障报 2009 年 7 月报道称，截至 2009 年 6 月底，湖南省因金融危机返乡的 285 万农民工中，已有 230 多万人重新实现就业。根据百度公司 2015 春运人口迁徙大数据推算，2014 年年底，湖南跨省流出人口 1200 万人，其中 2/3 流向广东，在粤湖南人超过 800 万。2008 年以来，广东跨省外来人口累计减少了 700 万左右，2014 年年底广东外来跨省人口比 2004 年的 4200 万以上减少到 3500 万左右。随着中西部地区的发展并带动外出人口回流，广东几个外省人口集聚的特大城市实有人口甚至负增长。据估计，2007 年以来东莞人口减少 400 万以上，同期深圳减少 200 万人口，佛山也减少 100 万以上，广州以省会优势使得人口总量得以保持，但外来农民工也出现较大幅度的减少。

表 2－7　　　　　　　湖南乡村从业人员估计（2010 年）　　　　　单位：万人

市州	实际人口	乡村从业人员	城镇从业人员	乡村从业人员	第一产业	非农就业
全　省	5433	3074.13	1669.30	1527.10	712.40	814.70
长沙市	909	244.13	301.11	39.21	22.15	17.06
株洲市	332	166.42	63.68	113.01	24.45	88.56
湘潭市	238	128.40	28.63	91.00	18.22	72.79
衡阳市	525	322.05	240.01	132.45	94.49	37.96
邵阳市	479	384.72	246.72	156.34	127.88	28.46
岳阳市	445	222.74	119.36	120.27	46.78	73.48
常德市	435	264.15	118.40	128.03	63.01	65.01
张家界市	128	73.16	-2.65	53.80	9.24	44.57
益阳市	332	210.24	99.59	111.11	64.13	46.98
郴州市	391	236.88	74.53	169.13	40.27	128.86

续表

市州	实际人口	乡村从业人员	城镇从业人员	乡村从业人员	第一产业	非农就业
永州市	359	281.81	185.28	121.77	100.87	20.90
怀化市	357	210.18	97.90	93.39	38.42	54.97
娄底市	307	195.54	52.48	124.39	36.14	88.26
湘西州	194	133.71	44.26	73.20	26.34	46.86

中部地区的河南、湖北、江西、安徽等农村劳动力输出大省的情况与湖南省的情况相类似。2009年3月2日，河南省委书记徐光春接受媒体采访时透露，2008年河南全省输出农民工数量已达2100万。其中省外输出量超过6成，且9成以上的外出务工者都集中在长三角、珠三角等经济发达地区。受2008年全球金融危机的影响，河南返乡农民工达950万，2009年2/3返乡农民工再次外出，约300万仍然滞留在家乡。据楚天都市报2008年11月报道称，2008年湖北省外出务工人员总数达1036万人，其中，在省外务工的约700.13万人。据新华网2008年11月报道称，江西是全国劳务输出大省，2007年跨省向江浙、广东、福建等地转移就业480多万人。另据中国广播网2006年1月报道称，江西全省有乡村人口2806.94万人，农业劳动力1588.4万人，其中1/3跨省输出。2006年江西省1%人口抽样调查数据表明，全省跨省转移劳动力562.9万人（廖金萍、邱安民，2007）。中新社2008年12月报道称，安徽作为劳务输出大省，转移农村劳动力1100万人，其中800万转移到省外，每年从外省赚取的劳务净收入达280亿元。据安徽省劳动厅统计数据显示，截至2008年年末，安徽约有40多万的农民工提前返乡，其中珠三角占30%，长三角占32%。

西部地区农村外出劳动力规模也相当庞大。据中新网2009年1月报道称，2008年四川省农村劳动力转移就业是2023.4万人，占四川全省人口的1/4。其中，省外输出是1180多万，省内转移是800多万。2009年年初，四川返乡农民工达100万。2008年11月，国家统计局重庆调查总队的调查显示，重庆每年输出近700万民工，其中有300多万输往沿海地区。2009年3月，国家统计局陕西调查总队对陕西农民工进行了一次监测摸底调查：截至2009年1月，陕西农民工总数为642.9万，其中外出农民工442万，占全省农民工总数的

68.8%；本地农民工占到31.2%。此外，提前返乡农民工总数为62万，占外出农民工总数的14%。来自广西壮族自治区政府2009年4月的信息显示，广西全区跨县以上转移就业的农民工790万人。受国际金融危机影响，2008年第3季度开始出现农民工返乡现象，广西返乡农民工总数达284.3万人，占外出务工总数的36%。据中国广播网2009年8月报道称，2009年贵州全省外出务工人员已达560万人。2009年上半年，贵州全省返乡农民工为121万人，返乡后再次外出就业和就地就近转移就业的106万人，其中外出85万人，主要集中在珠三角、长三角地区和京津地区。

在东部劳动力主要流入省份的农村外出劳动力亦具相当规模。据新华日报2007年1月报道称，江苏省劳动保障厅提供的数据显示，到2006年年底，全省农村劳动力转移总人数达到1608.9万人，其中，就地转移人数为812.9万人，劳务输出796万人，就地转移人数连续两年超过劳务输出人数，苏中、苏北就地转移人数增加明显。广东作为农民工流入大省，2011年吸纳全国20%以上的农业就业，仅珠三角地区就吸纳5072万农民工就业，其中七成左右为跨省流入农民工①。

四、基于人口流动大数据的人口规模推算

人口流动大数据涉及数理统计、计算机科学与技术、人口学、经济法律等多学科领域。国内已有人口流动研究文献极为丰富，1980年以来文献数量呈现指数化增长态势。大部分文献以人口普查或抽样调查中的人口数据作为论证的基础，主要见诸人口流动著述的前半部分。已有研究按数据来源可分为三大类：第一类是基于全国性人口普查研究，如段成荣等（2008）利用1982年"三普"、1990年"四普"、2000年"五普"等全国人口普查和历次1%全国人口抽样调查数据资料，总结了改革开放30年来我国流动人口变动的九大趋势；乔晓春、黄衍华（2013）基于2010年"六普"数据分析了大陆跨省流动人口状况；张耀军、岑俏（2014）利用"五普"及"六普"数据，从省内流动和省际流动两个角度，分省、市、县三个层面分析了我国人口空间流动格局与省际流动影响因素；刘玉（2014）对比分析"五普""六普"数据，分析了

---

① 资料来源：国家统计局，2011年我国农民工调查监测报告。我们认为珠三角并没有5000多万农民工，此监测报告可能样本有问题，从而导致广东珠三角农民工数量的高估。

十年间我国人口流动的区域分布格局；纪韶、朱志胜（2013）"四普""五普""六普"长表数据，比较分析了我国人口流动与城镇化格局变动及其趋势。第二类是基于大型人口抽样调查研究，如 1986 年 74 城镇人口迁移调查；1987 年、1995 年、2005 年全国 1% 人口抽样调查；1988 年、2006 年计划生育调查；农业部 1984 年以来农村固定观察点调查；人力资源和社会保障部 2008 年以来劳动力大省就业情况快速调查等。第三类是大城市与各地区的流动人口调查研究，其中北京（翟振武、段成荣等，2007；冯晓英，2005）、上海流动人口研究（王桂新，2001、2004、2008、2011 等）文献最早也最多，重庆、西安、深圳、沈阳、成都、郑州、武汉、广州等城市也较多。

2004 年我国劳动力总量无限供给转向"相对"短缺以来，一些与劳动人口状态密切相关的"就业压力""用工荒"等社会问题、"刘易斯拐点"论以及如人口红利、人口负债等经济社会影响（蔡昉、王美艳，2005；王德文、蔡昉，2009；蔡昉，2010），逐渐成为社会大众与决策层共同关注人口问题的焦点之一。21 世纪以来，国内有关人口流动及其变化热点研究可分为两个阶段，其一，以 2003 年"劳工荒"为起点的劳动力供求变化的热点研究；其二，以 2008 年全球金融危机为标志的中国经济升级转型下的人口结构转变的热点研究，而在习近平提出的中国经济新常态概念之后，有关人口流动及其变化研究呈现出突发性的增长态势，通过不同时期的人口流动比较来判断其变化趋势。

国内人口流动研究热点主要集中在经济增长与人力资本（蔡昉，2004；王德文、蔡昉，2004；杨晓军，2012）、人口老龄化及影响因素（陈赛权，2000；彭希哲、宋韬，2002；柳清瑞、金刚，2011；王海涛，2011）、流动人口与城市化（任远、邬民乐，2006；刘传江、程建林，2008）、留守儿童（段成荣、周福林，2005；周福林、段成荣，2006；段成荣等，2013）等领域。在出版学术专著中，蔡昉、白南生（2006）收集了 17 篇 20 世纪 90 年代以来国内外经济学、社会学和人口学等学科关于中国劳动力流动的代表性论文，加上 6 篇评述性文章，形成了转轨时期的中国劳动力流动的集成性研究专著。段成荣、杨舸、马学阳（2011）系统地研究了改革开放以来的中国流动人口规模、结构、趋势等问题。2010 年 6 月，国家人口计生委流动人口服务管理司首次发布《中国流动人口发展报告（2010）》，截至 2014 年已累计出版了 5 本《报告》，极大地丰富了我国流动人口监测调查数据。尽管有人口普查，但从学界到政府再到社会公众，到目前为止对我国有多少流动人口等基本问题都缺乏统一、明确的答案，相同年份的流动人口数量差异极大，同一年份不同来源的数据之间差距有些也大得惊人（段成荣等，《中国流动人口研究》，2011）。由于中国流动人口规模巨大，数据繁杂纷乱，境外学者文献数量稀少，且更多地引用中国大陆学者的数据和结论。

基于大数据的研究近年来持续成为热点。2008 年 9 月，"Nature"杂志"大数据"专刊 10 篇大数据论文揭开了国际上研究大数据热潮的序幕。2011年麦肯锡研究报告则标志着"大数据"时代的到来。国际上对大数据的研究主要集中在数据挖掘、可视化分析、云计算、信息检索等方面，研究内容涉及了生物学、传播学等不同学科领域，但利用大数据研究人口流动也日渐增加。国内外学基于大数据的人口及其流动研究的数据来源主要有 Twitter（Naaman M，Zhang A X，Brody S，et al.，2012）、Facebook、新浪微博（甄峰、王波、陈映雪，2012）等社交网络数据（用户地理位置）、移动手机通话数据（Krings G，Calabrese F，Ratti C，et al.，2009；Kang C，Zhang Y，Ma X，et al.，2013）、智能交通刷卡数据及城市监测设备数据。已有研究在数据挖掘和分析基础上，通过研究城市间的网络活动来判断城市间内在联系和等级体系，模拟城市居民出行模式和人口流动变化来引导更加合理的交通规划和土地利用调整。2014 年是国内人口大数据研究热潮元年。胡巧玲、茹金平（2014）利用改进算法进行大数据统计的人口迁移量预测。王峰、唐美华（2014）利用大数据分析城市人口的时空分布及动态迁移情况。赵时亮、高扬（2014）指出可将移动通信大数据用于人口流动研究，并可分析诸如住宅小区空置率和城市人口通勤的规模和流向等。李红娟（2014）探讨了大数据时代我国人口信息管理及应用前景。刘瑜、康朝贵、王法辉（2014）总结了基于大数据的人类移动模式流程，归纳了人类移动模式的基本度量方法，探讨了移动模式的模型构建方法。童大焕（腾讯博客，2014）首次利用 QQ 大数据分析北上广深一线城市的人口流动情况，虽然仅为博客爱好者的网络文献，但有关京沪穗深人口总量分析结果被国内媒体广为传播，也被一些重量级咨询机构（如安邦咨询等）所采用。与传统依赖人口普查或人口调查的人口流动研究所不同的是，基于大数据的人口流动研究更多地来自信息技术领域的专业人士，由于他们对人口的年龄构成、户籍来源、就业结构、流动原因等方面缺乏系统的了解，加上有些文献逻辑推理欠缺，分析结果往往难以令人信服。相对传统人口学领域极为丰富的研究成果和拥有数量极多的权威学者而言，基于大数据的人口流动研究尚在起步之中，传统研究有助于大数据分类、聚类、回归、关联等分析和判断，人口流动大数据研究将对已有研究带来革命性的变化和影响。我们利用百度公司 2015 春运人口迁徙大数据推断的我国跨省人口流动规模如表 2 - 8 所示。

表 2 - 8　　　　　基于大数据推断的大陆跨省人口流动规模　　　　单位：万人

省级单位	流入	流出	净流入	省级单位	流入	流出	净流入
广东	3600	175	3425	山东	450	450	0
浙江	2100	420	1680	吉林	350	470	-120
北京	1250	50	1200	陕西	150	280	-130
上海	1150	50	1100	甘肃	80	235	-155
江苏	925	395	530	黑龙江	255	500	-245
内蒙古	450	55	395	重庆	220	600	-380
辽宁	550	200	350	贵州	100	620	-520
福建	565	265	300	河北	175	1055	-880
新疆	325	50	275	江西	100	1000	-900
天津	260	40	220	广西	95	1050	-955
宁夏	150	30	120	湖北	120	1175	-1055
云南	300	200	100	湖南	100	1200	-1100
海南	90	50	40	四川	200	1300	-1100
西藏	60	20	40	安徽	120	1250	-1130
山西	180	150	30	河南	100	1255	-1155
青海	70	50	20	全国	14640	14640	0

　　在人口流入方面，广东、浙江、北京、上海、江苏等 5 省市共吸纳跨省流动人口 9025 万，占大陆跨省流动人口的 61.65%。其中广东以 3600 万跨省流入人口占全国首位，比重由 2004 年的 40% 下降到 2014 年的 25% 左右。而在人口流出方面，四川、河南、安徽、湖南、湖北、广西、江西、河北等 8 省（区）流出人口 9285 万，规模与人口吸纳大量相当，占大陆跨省流出人口的 63.42%。除四川外，其他人口流出大省全部靠近大陆三大经济区。

第三章

我国超大城市人口规模
及其增长趋势

在国内所有的特大城市中，北京、上海两个城市的实有人口规模达到2500万，而广州、深圳两市的实有人口规模也接近2000万。

一、上海市

上海是中国非农业人口最多的城市。从官方公布的数据来看（见表3-1），上海总人口增长最快的年份是1996～2013年，18年间常住人口累计增加了877.4万人，年均增加48.7万人。其中，2006～2010年5年间累计增加了360.3万人，平均每年增加72.6万人。综合其他数据和信息可以发现，上海官方给出的人口数据并非各个年份的总人口，还有相当数量的流动人口并没有计算在内。例如，1988年上海市外来常住人口仅25.6万人。由上海市人口学会、城市科学学会、人口控制办公室、人口普查办公室联合发起的"流动人口问题研讨会"，于1989年12月26～28日在上海社会科学院内举行。会议提供的全国和大城市流动人口中，1988年上海的流动人口有209万人（谢白羚，1990）[1]，外来常住人口占流动人口的比例只有1/8。

上海市《社会杂志》资料室（1994）根据抽样调查资料推算，1993年年末上海有流动人口331万（其中外来流入人口281万，日均流量人口50万），同期上海外来常住人口只有86.3万人，仅占流动人口的26%。来自公安部的

---

① 谢白羚. 城市流动人口问题探讨——上海"流动人口问题研讨会"综述［J］. 社会科学，1990（2）.

数据表明，1996 年上海有 350 万的流动人口（《时代潮》，1997），同期上海外来常住人口达到 146.6 万人，占比依旧低于 50%。黄志法（《上海教育科研》，1998）认为 1997 年上海市实际流动人口在 500 万到 600 万之间。2000 年 11 月进行的全国第五次人口普查上海登记的流动人口为 387.11 万，其中居留 6 个月以上的外来人口有 287 万人。研究发现，上海官方人口数据严重低估了其实有人口，常住人口统计口径中的外来人口也只是将规模以上企业的劳动力人口统计在内，而将大量自我雇佣、小微型制造企业和服务业从业人口没有计算在内。直到 2010 年，上海官方在大量的人口普查和人口调查的基础上摸清真实的人口情况后，其所公布的数据才与实际情况相符合。

表 3-1　　　　　　　上海常住人口基本情况（1978~2013 年）

年份	常住人口（万人）	人口密度（人/平方公里）	年末户籍人口（万人）	非农业人口占总人口比重（%）	外来常住（万人）
1978	1104.00	1785	1098.28	58.7	5.7
1979	1137.00	1838	1132.14	60.7	4.9
1980	1152.00	1862	1146.52	61.3	5.5
1981	1168.00	1888	1162.84	61.5	5.2
1982	1186.00	1917	1180.51	61.9	5.5
1983	1201.00	1942	1194.01	62.5	7.0
1984	1217.00	1968	1204.78	63.1	12.2
1985	1233.00	1993	1216.69	63.8	16.3
1986	1249.00	1970	1232.33	65.1	16.7
1987	1265.00	1995	1249.51	65.8	15.5
1988	1288.00	2031	1262.42	66.5	25.6
1989	1311.00	2067	1276.45	67.0	34.6
1990	1334.00	2104	1283.35	67.4	50.7
1991	1350.00	2128	1287.20	67.6	62.8
1992	1365.00	2154	1289.37	67.9	75.6
1993	1381.00	2179	1294.74	69.0	86.3
1994	1398.00	2204	1298.81	70.1	99.2

续表

年份	常住人口 （万人）	人口密度 （人/平方公里）	年末户籍人口 （万人）	非农业人口占 总人口比重（%）	外来常住 （万人）
1995	1414.00	2230	1301.37	70.8	112.6
1996	1451.00	2288	1304.43	71.5	146.6
1997	1489.00	2348	1305.46	72.2	183.5
1998	1527.00	2409	1306.58	73.0	220.4
1999	1567.00	2472	1313.12	73.8	253.9
2000	1608.60	2537	1321.63	74.6	287.0
2001	1668.33	2631	1327.14	75.3	341.2
2002	1712.97	2702	1334.23	76.4	378.7
2003	1765.84	2785	1341.77	77.6	424.1
2004	1834.98	2894	1352.39	81.2	482.6
2005	1890.26	2981	1360.26	84.5	530.0
2006	1964.11	3098	1368.08	85.8	596.0
2007	2063.58	3255	1378.86	86.8	684.7
2008	2140.65	3376	1391.04	87.5	749.6
2009	2210.28	3486	1400.70	88.3	809.6
2010	2302.66	3632	1412.32	88.9	890.3
2011	2347.46	3702	1419.36	89.3	928.1
2012	2380.43	3754	1426.93	89.8	953.5
2013	2414.15	3807	1424.14	90.1	990.0

注：2012 年及以前的数据来源于《上海统计年鉴（2013）》，2013 年的数据来源于 2013 年上海市国民经济和社会发展统计公报。

相对于其他弹性较大的生活必需品而言，日人均生活用水量刚性较大，利用每年的城市生活用水量大致可以估计城市人口的数量（见图 3-1）。研究发现，1980 年上海城镇人口竟然比 1978 年要少 23 万，这似乎是不可思议的，但只要考虑到当时中国及上海的实际情况，所有的疑虑就可以打消。改革开放之初，上海及苏南地区的乡镇企业蓬勃发展，大量城市人口流入乡镇企业寻求创业与就业，从而导致市区人口减少。1980~1990 年，包括外来人口在内的上海城镇人口增加了 410 万，年均增加 41 万，相当于城镇人口增长了 50%；1992 年上海城镇人口比 1990 年只增加了 69 万，年均只有 34.5 万；1992 年浦东大开发，上海外来人口流入加速上海城镇人口增加到 1760 万，6 年间较 1992 年增加 470 万，年均增加 79.83 万人；1997 年亚洲金融风暴冲击对人口流入的影响显而易见，1999 年上海实有人口较前一年度减少了 15 万人以上；2001 年中国加入世贸组织（WTO），2002 年开始上海进入人口流入另一个加速期，2007 年上海人口流入放缓，在国家四万亿的强刺激下人口流入增长期延续到 2009 年，7 年间上海实有人口从 2002 年的 1812 万增长到 2009 年的 2345 万，累计增加 533 万，年均增加 76.14 万，无论是增加的绝对值还是相对值都较 20 世纪 90 年代要低；2009 年以来的四年里累计增加 155 万人，年均增加 38.75 万人。

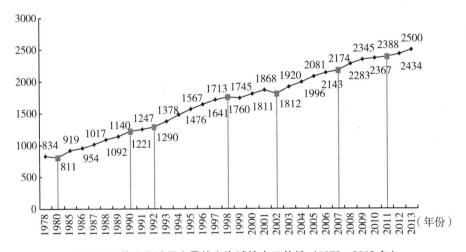

图 3-1　基于生活用水量的上海城镇人口估计（1978～2013 年）

资料来源：《上海统计年鉴》（2000～2014 年），其中 2001 年及以前年份的统计口径与 2002 年及之后的统计口径不同，我们进行同口径线性化调整后再进行人口估计。

将估计人口与官方常住人口放在一起比较发现：1993 年前后上海农村自来水基本普及，两线相交；2010 年之后两线呈平行线状态，上海官方人口完全可以采信了（见图 3-2）。

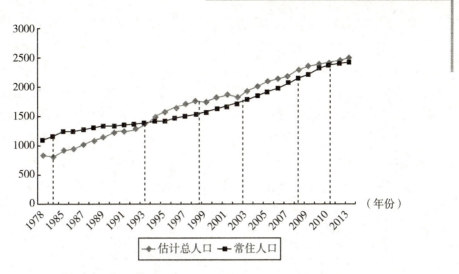

图 3 - 2 上海市常住人口与估计总人口（1978～2013 年）

2002 年，许信良率"两岸农业交流访问团"访问上海，当时负责接待的上海市农业委员会主任袁以星向来宾列举了一组数字：上海拥有 2000 万常住和流动人口，每天要消费猪肉 1000 吨、禽肉 330 吨、鲜奶和水产品各 800 吨、蔬菜 1 万吨、鲜切花 100 万支，每年农副产品流通金额超过 80 亿美元。从上海每天人均 50. 68 克的猪肉消费量估计，2001 年上海总人口是 1973 万人，考虑到上海尚有相当数量的农村人口并没有计入猪肉消费总量之内，因此 2000年/2001 年上海总人口在 2000 万规模以上。另外，从上海日人均 500 克的蔬菜消费量推算，上海当时总人口规模也在 2000 万左右。

2000～2010 年，上海总人口实际增量只有 556 万人左右，年均增量 55 万余人，而同期官方总人口增量 700 万人，年均增量 70 余万人，两者相差 15 万人/年。1980～1990 年，上海外来人口年均增加 41 万人，由于这段时间人口基数较 2000 年以后要小，因此增速大于 2000 年以来人口的增速，表明 21 世纪以来上海总人口增速不是增加了而是放缓了。官方人口数据并非表明上海进入 21 世纪之后实有人口增长加快了，而是表明外来流动人口在上海的沉淀加速了。由于外来人口流动频繁，抽样统计调查很难实现随机抽样，依靠抽样来推算全市总人口造成的失误也在所难免。尽管如此，我们认为在国内的特大城市中，上海官方提供的总人口数据误差相对较小，可信度也比较高。

2010 年以来，上海官方人口统计与各种经济统计数据可以互相印证，官方提供的人口数量与多种人口估算方法非常接近和一致，官方数据的可信度大为提高。2010 年以来，沿海大城市农民工流入总量基本稳定，人口增量主要来源于外来人口中非劳动力人口和高校毕业生就业人口增长。以 2012 年为例，上海户籍人口增加 7.6 万人，由于原有户籍人口每年减少 3 万人左右，因此户籍人口的增加主要来源于高校毕业生入户和常住人口的户籍化（每年共 10 万左右）。2012 年上海外来常住人口增加 25.4 万人，增加的主要来源是私营企业接纳的高校毕业生（15 万人左右）和原有常住人口沉淀及其家属流入。

2013 年 11 月 20 日，中国上海政府门户网站发布消息，截至 2013 年 10 月底，上海市实有人口 2500 余万人，其中来沪人员 1000 余万人。上海市公安局表示，将以"合理控制人口规模、优化人口结构"为目标，探索推进实有人口、实有房屋、实有单位"三个实有"全覆盖管理工作，继续配合推进落实居住证制度，深入开展人口政策研究，促进城市人口结构优化[①]。仅从高校毕业生就业的角度来看，上海每年至少接纳 20 万以上的高校毕业生入籍，加上常住人口的户籍化，上海每年实有人口增加 30 万是一种正常的现象。

从人口老龄化来看上海也需要新增人口来实现人口结构的优化。2013 年年末，上海 60 岁以上老龄人口已经接近 400 万，占上海户籍人口的 28.5%，占实有人口 16%。随着外来常住人口的户籍化，外来老年人口也将持续增加。即使外来户籍化常住人口老龄化只有上海本地水平的 50%，其老龄人口也将接达到 142.5 万之巨，上海市整体老龄化人口也将超过 20%，远高于全国同期 14.8% 的水平[②]。

2012 年年末，上海住宅建筑面积 56263 万平方米，以 2500 万人口基数计算，人均住房面积达到 22.5 平方米（见表 3-2）。由于上海外来人口群租现象十分普遍，加上不少非居住房屋也容纳了不少外来人口，因此上海大部分常住人口实际人均住房面积远高于 22.5 平方米。被普遍视为特大城市的"城市病"病源之一的住房问题整体上看并不存在。2014 年"五一"期间，上海因群租单位火灾而导致两名消防员死亡，舆论再次聚焦到群租房。随后上海出台新规，规定出租单位每个房间的居住人数不得超过 2 人，且居住使用人的人均

---

① 资料来源：新华网"上海实有人口逾 2500 万"。http://news.xinhuanet.com/photo/2013-11/20/c_125735503.htm.

② 《中国老龄事业发展报告（2013）》显示，2012 年我国老年人口数量达到 1.94 亿，老龄化水平达到 14.3%，预计 2013 年老年人口数量将突破 2 亿大关，达到 2.02 亿，老龄化水平达到 14.8%。

面积不得低于 5 平方米。在此之前上海以往也曾多次整治群租房，但在巨大需求和丰厚回报的驱使下，很快便又死灰复燃。据经济通网站（http：// column. etnet. com. cn）记者调查，上海闸北区一个原面积约 130 平方米的单位，被分隔成 8 个房间，整套单位月租收入 7000 元以上，每位居住者住房面积不到 10 平方米。其实这种单位承租人通常为都市白领阶层，如农民工租用时每间房将居住更多的人。以外来人口人均 10 平方米的住房推算，上海户籍人口人均住房面积 2012 年年末已经超过 32 平方米。

表 3 - 2　　　　　　各区、县房屋建筑分布情况（2012 年）

地区	建筑面积	其　　中		人均面积（平方米）	
	合计	居住房屋	非居住房屋	居住房屋	非居住房屋
总　计	105152	56263	48888	23. 64	44. 17
浦东新区	23748	13035	10713	24. 76	45. 11
黄浦区	3604	1724	1881	24. 46	51. 14
徐汇区	5687	3311	2376	29. 80	51. 18
长宁区	3926	2426	1500	34. 79	56. 30
静安区	1745	848	897	33. 15	68. 22
普陀区	5637	3487	2150	26. 99	43. 63
闸北区	3642	2178	1464	25. 74	43. 04
虹口区	3502	2227	1275	26. 34	41. 41
杨浦区	5275	3215	2060	24. 34	39. 94
闵行区	11694	6766	4928	26. 98	46. 63
宝山区	8392	4904	3487	24. 87	42. 56
嘉定区	6421	2903	3518	19. 00	42. 03
金山区	3533	1281	2252	16. 82	46. 39
松江区	7859	3489	4370	20. 54	46. 27
青浦区	4388	1690	2699	14. 45	37. 51
奉贤区	4378	1924	2454	17. 03	38. 75
崇明县	1719	855	864	12. 22	24. 57

注：建筑面积数据来源于《上海统计年鉴（2013）》，单位为万平方米；人均面积按 2012 年各区县常住人口计算，单位为平方米。

从表 3 - 2 中可以看出，长宁和静安两区人均居住面积相对偏高，一个可能的原因是这两区的高档住宅比例较大，徐汇区也比浦东新区和黄浦区的人均居住面积要多 5 平方米以上。徐汇区的天平路街道和湖南路街道是上海市区老洋房最集中、品质最好的区域，占全市同类型房屋面积的 39%，为上海市各区之冠。长宁区也有相当数量的老洋房，另外在杨浦的江湾地区（五角场镇境内）也有少量洋房，如市光路三十六宅等①。金山、青浦、奉贤和崇明四区县人均居住面积较低，主要原因是金山、青浦和奉贤三区工业企业提供了大量居住之所，而崇明作为一个传统的农业县域，农民的住房并没有计算在内。来自安居客的数据显示，2014 年以来上海的住房均价已经在 3 万元每平方米以上，人均住房价值约 72 万元，上海住房总价值 18 万亿元。若上海不能保持合理的人口增速，在人均住房相对较高的情形下，上海房价下降将是大概率事件。上海有一半以上的人口聚集在原上海市区及原浦东新区靠近黄浦江一带的区域，加上日常来访的人口，上海中心城区人口规模在 1300 万以上（见表 3－3）。

表 3－3   上海市各区、县土地面积、常住人口及人口密度（2012 年）

地区	土地面积 （平方公里）	年末常住人口 （万人）	其中 外来人口	人口密度 （人/平方公里）
全市	6340.50	2380.43	960.24	3754
浦东新区	1210.41	526.39	222.84	4349
黄浦区	20.46	70.48	18.20	34448
徐汇区	54.76	111.12	29.41	20292
长宁区	38.30	69.73	17.85	18206
静安区	7.62	25.58	6.07	33570
普陀区	54.83	129.20	34.66	23564
闸北区	29.26	84.61	20.52	28917
虹口区	23.48	84.56	18.65	36014
杨浦区	60.73	132.07	26.56	21747
闵行区	370.75	250.80	126.02	6765
宝山区	270.99	197.19	81.53	7277
嘉定区	464.20	152.77	88.08	3291
金山区	586.05	76.16	23.64	1300

---

① 资料来源：搜房网（2008－6－27）"大话经纪：上海地区豪宅的物业类型及分布区域"，http://esf.sh.fang.com/newsecond/news/1872544.htm.

续表

地区	土地面积 （平方公里）	年末常住人口 （万人）	其中 外来人口	人口密度 （人/平方公里）
松江区	605.64	169.84	104.83	2804
青浦区	670.14	116.98	69.25	1746
奉贤区	687.39	112.99	57.15	1644
崇明县	1185.49	69.96	14.98	590

资料来源：《上海统计年鉴（2013）》，http：//www.stats–sh.gov.cn/tjnj/nj13.htm？d1 =2013tjnj/C0202.htm。

　　靠近中心城区的闵行、宝山和嘉定三区人口也超过600万，这三区可视为上海市的城市功能拓展区。由于地处平原地带，上海的金山、松江、青浦和奉贤四区居住人口也有500万之巨，这四个城市发展新区面积2549.22平方公里，平均每平方公里人口密度不到2000人，是上海未来人口增长的主要居住地区。崇明县是上海生态屏障，不宜大幅度增加人口（见图3–3）。

图3–3　上海行政区划图

资料来源：旅交会网站，http：//www.17u.net/wd/detail/4_165377。

从国际经验来看，东京大都市圈经济总量占全日本比例为 33%，而人口占全日本比例为 27%，也就是说东京都市圈人均 GDP 比日本全国高 22%。2000 年上海 GDP 占全国比重为 5.09%，到 2012 年上海 GDP 占全国比重下降到 3.9%，减少 1.2 个百分点，到 2013 年进一步下降到 3.8%。若上海达到均衡人口时其 GDP 比重为全国平均水平的 130%，则上海均衡人口要占到全国 3% 左右，即 3900 万的水平，表明上海人口尚有较强的增长动力。但从长三角的情况来看，2013 年江浙沪三省市区域内 25 个地级市经济总量约占全国 20% 左右，按全国 13.5 亿人口计算的长三角 25 市均衡人口为 2 亿，其实际人口 1.54 亿左右，似乎长三角人口还会增加；进一步，考虑到中国实际仅有 10 亿左右可实际流动人口，按上述比例计算长三角均衡人口也只有 1.54 亿。因此，从长三角城市群角度来看，其区域内的人口增长潜力十分有限，也意味着若从大区域来看，上海的城市人口规模控制并非十分紧迫。

2010 年全国第六次人口普查长表数据中，安徽、江苏、河南、四川、江西等 5 省是上海外来人口的主要来源地，约占上海外省人口的 2/3，邻近上海的浙江也占有一定的比例（见图 3 - 4）。

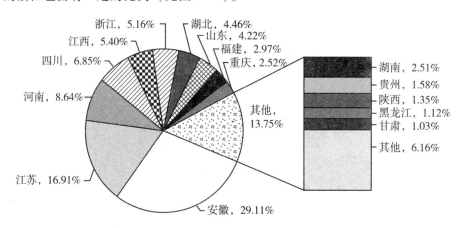

图 3 - 4 上海外来人口省份来源构成（2010 年"六普"长表数据）

我们根据百度 2015 年春运人口迁徙大数据推断，2014 年年末上海的外来人口中，江苏占比最高，安徽次之，浙江第 3 位，河南、江西、湖北、山东、福建分别居第 4~8 位（见图 3 - 5）。根据我们的研究，2010 年以来上海实有人口的增量并不大，4 年外来人口累计增加不超过 150 万人。这意味着 2010 年上海实有人口中，据图 3 - 4 比例推断来自安徽的有 290 万左右。比较图 3 - 5

发现，2014 年在上海的安徽人为 251.51 万，比 2010 年减少 40 万左右，这与同期上海外来农民工数量减少相一致。与安徽、四川等流入上海人口减少相反，与上海近邻的江苏、浙江流入上海的人口则迅速增加，其原因主要有：一方面，举家迁入上海的比例上升，即人口沉淀加速；而另一个重要因素则是 2010 年的"六普"时，安徽、四川等地的外来人口主要进入工厂从事制造业，人口普查时这种相对聚集的人口统计相对容易，从而高估了这些省份的外来人口比例；另一方面，江苏、浙江等省的外来人口主要从事服务业，相关企业规模偏小，统计漏报可能性高，从而导致对江浙等省外来人口低估。

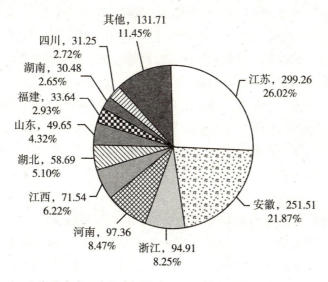

图 3-5　上海外来人口省份来源构成（2015 年百度春运人口迁徙大数据）

二、北京市

长期以来，首都北京的流动人口始终受到学界与官方的普遍关注。从文献资料来看，北京流动人口规模大致与上海相当，宏观经济周期波动、政策调整与政治事件对北京流动人口的影响也大致相同。郑桂珍等（1985）[1] 指出，1984 年北京、上海各有约 70 万的流动人口。张敬淦（1986）[2] 认为，城市规

① 郑桂珍，郭申阳，张运藩，王菊芬. 上海市流动人口调查初析 [J]. 城市规划，1985（3）.
② 张敬淦. 建设卫星城镇与控制首都城市规模 [J]. 城市问题，1986（2）.

模过大已成为首都建设中的主要矛盾。新中国成立以来，北京市区城市规模迅速扩大。1984 年与新中国成立初相比，建成区城市用地由 109 平方公里扩大到 373 平方公里；常住城市人口由 161 万人增长到 488 万人，近年以平均每年 10 万人的速度递增。流动人口也在急剧增长，1985 年已近 100 万人。王树新（1986）① 和杜午禄（1986）② 指出，1985 年北京 8 个城区（含四个近郊区）有流动人口为 66.2 万，来自外省市的 56.9 万，占 86.2%；日均进出北京人口总流量高达 88 万人次。1987 年召开的"大城市流动人口问题与对策讨论会"指出，北京市 1978 年、1985 年和 1987 年的流动人口分别为 30 万、90 万和 115 万。1989 年"全国大城市流动人口问题研讨会"指出，北京市 1983 年、1985 年和 1988 年的流动人口分别为 50 万~60 万、87 万和 131 万。由上可以看出，虽然各文献关于北京外来流动人口数量各异，但北京在改革开放之初外来流动人口逐年增长却是不争的事实。

陈一夫（1991）③ 指出，1990 年北京流动人口 127 万，其中日均暂住人口有 97 万，日均流量 30 万。北京市人民政府研究室社会处的张坚（1991）④ 对北京、天津、上海、广州、武汉、沈阳、西安、重庆 8 个特大城市的流动人口情况做了综合考察和分析，指出大城市流动人口急剧增长，1988 年北京流动人口为 111.9 万。张坚认为，在农村劳动力大量剩余的情况下，大城市基本建设投资激增和产业结构调整形成的劳动力需求，是导致农村劳动力向大城市流动和集中的主要诱因。由于 1989 年后中国农村改革释放的大量劳动力，农民进城意愿强烈，随后国内大城市对外来人口进行严格的控制和管理，直到 1992 年中国大城市的流动人口规模才逐步恢复到 1988 年前后的水平。

张晓辉、赵长保、陈良彪（1995）⑤ 在全国范围内进行了一次农村劳动力跨区域流动情况的抽样调查，共获得有效数据 251 万个，报告指出北京有 300 万流动人口，农民工超过 100 万。来自公安部的消息表明（易旭东，1997）⑥ 1996 年上海、北京流动人口分别为 350 万和 330 万。从 1989 年以来对城市外

---

① 王树新. 经济体制改革中的北京市流动人口［J］. 人口与经济，1986（1）.
② 杜午禄. 北京市区流动人口问题探讨［J］. 人口与经济，1986（1）.
③ 陈一夫. 北京人口与城市发展［J］. 城市问题，1991（6）.
④ 张坚. 关于八大城市流动人口问题的综合报告［J］. 社会学研究，1991（3）.
⑤ 张晓辉，赵长保，陈良彪.1994：农村劳动力跨区域流动的实证描述［J］. 战略与管理，1995（6）.
⑥ 易旭东.97 春潮：人口大流动［J］. 时代潮，1997（4）.

来人口的严格控制，到 1992 年外来流动人口增长的恢复，再到 1996 年的 330 万外来流动人口，北京在确立市场化改革之后的四年内外来流动人口增加了 200 万，年均增加 50 万，但这些并没有反映到官方公布的常住人口数据上。

从改革开放直到 2000 年，北京外来人口仅比上海少 20 万~30 万。2000 年，北京外来人口 600 万左右，加上北京公安部门统计的户籍人口 1107.5 万人，全市实际人口已经突破 1700 万人。为迎接 2008 年的北京奥运会，北京于 2006 年年初启动了史上最为严格的人口控制，严控的结果是到 2008 年北京总人口减少了 220 万~250 万人（张强、周晓津，《西部论坛》，2014）。2009 年之后，北京外来人口恢复性增长，至 2013 年年末，北京公布的官方常住人口为 2114.8 万人，比上海少 299.4 万人。

比较北京、上海两市的手机用户数发现，2012 年北京总人口应该与上海差不多（见表 3-4）。考虑到北京比上海的户籍人口要少 150 多万人，意味着在相同的劳动参与率情况下，北京的外来人口要比上海多 150 万左右。也只有在此种情况下，才可以解释 2012 年和 2013 年京沪两市手机用户数量的差距。我们的分析表明，2013 年年末北京总人口与上海难分伯仲，两市总人口规模大致相等。

表 3-4　　　　　　　　京沪穗深手机用户总数与人口情况

城市		上海	北京	广州	深圳
手机用户总数（万户）	2010 年	2361.55	2117.7	2328.83	2008.6
	2011 年	2620.6	2575.9	2566.93	2313.2
	2012 年	3008.3	3168	3040	2570
	2013 年	3200.65	3373.8	3193.3	2553.5
2013 年常住人口（万人）		2415.15	2114.8	2001.69	1600.4

注：各年度手机用户总数来源于各市此年度的国民经济和社会发展统计公报。广州和深圳 2013 年的常住人口按北京口径进行估计。

2008~2013 年，短短的五年内，北京的外来人口由奥运会的严格控制到报复性、爆发性增长，五年累计增加 400 万左右，年均增长 80 万。至 2013 年年末，北京外来人口规模估计达到 1200 万。而 1988~2000 年，北京外来人口规模累计增加 400 万，年均增加 33 万左右；2000~2008 年累计增加数量只有 200 万，年均只增加 25 万。

从京沪两市官方公布的全社会行业就业人员来看，2012 年京沪两市全社会从业人员总数分别为 1107.3 万人和 1115.5 万人，两市仅相差 8.2 万人。2013 年，北京地区年末社会就业人员数达到了 1144 万人，比 2012 年年末增加 37 万人（见表 3 - 5）。我们估计，2013 年年末北京市户籍人口 1316.3 万人，外来人口 1200 万左右，全市总人口 2500 万，与上海市大致相当。或许正是近年来北京外来人口数量的爆发式增长，引起了中央领导层的警觉和高度重视。2013 年 11 月 12 日，中国共产党第十八届中央委员会第三次全体会议通过《中共中央关于全面深化改革若干重大问题的决定》（以下简称《决定》）。《决定》提出，全面放开建制镇和小城市落户限制，有序放开中等城市落户限制，合理确定大城市落户条件，严格控制特大城市人口规模。

就如罗马非一日建成一样，北京的人口也并非近 10 年才出现飞速增加的。早在 1997 年前后，北京实有人口就已经突破 2000 万大关。后来因举办奥运会以行政手段而实施强力的人口清理和劝返政策，自 1997 年以来北京人口反复波动，当控制稍有放松时，外来人口即迅速增加。奥运会结束之后，行政控制一放松，北京实有人口即迅速出现恢复性增长，2011 年北京实有总人口突破 2500 万，年均人口增量近百万人，与深圳在 20 世纪 90 年代的人口增长如出一辙。

表 3 - 5　　　北京常住人口及全社会就业人数基本情况（1978～2013 年）　单位：万人

年份	常住人口	外来常住人口	年末从业人员数	三次产业从业人员数		
				第一产业	第二产业	第三产业
1978	871.5	21.8	444.1	125.9	177.9	140.3
1979	897.1	26.5	470.5	121.4	195.2	153.9
1980	904.3	18.6	484.2	118.0	207.3	158.9
1981	919.2	18.4	511.7	117.2	220.4	174.1
1982	935.0	17.2	535.2	115.1	228.6	191.5
1983	950.0	16.8	552.0	117.1	240.2	194.7
1984	965.0	19.8	556.2	111.3	247.9	197.0

续表

年份	常住人口	外来常住人口	年末从业人员数	三次产业从业人员数		
				第一产业	第二产业	第三产业
1985	981.0	23.1	566.5	100.6	260.4	205.5
1986	1028.0	56.8	572.7	96.1	262.7	213.9
1987	1047.0	59.0	580.2	92.3	264.1	223.8
1988	1061.0	59.8	584.1	88.4	267.6	228.1
1989	1075.0	53.9	593.9	91.0	266.3	236.6
1990	1086.0	53.8	627.1	90.7	281.6	254.8
1991	1094.0	54.5	634.0	90.8	279.7	263.5
1992	1102.0	57.1	649.3	84.5	281.6	283.2
1993	1112.0	60.8	627.8	65.1	279.4	283.3
1994	1125.0	63.2	664.3	73.2	272.2	318.9
1995	1251.1	180.8	665.3	70.6	271.0	323.7
1996	1259.4	181.7	660.2	72.5	260.1	327.6
1997	1240.0	154.5	655.8	71.0	257.6	327.2
1998	1245.6	154.1	622.2	71.5	226.0	324.7
1999	1257.2	157.4	618.6	74.5	216.2	327.9
2000	1363.6	256.1	619.3	72.9	208.2	338.2
2001	1385.1	262.8	628.9	71.2	215.9	341.8
2002	1423.2	286.9	679.2	67.6	235.3	376.3
2003	1456.4	307.6	703.3	62.7	225.8	414.8
2004	1492.7	329.8	854.1	61.5	232.8	559.8
2005	1538.0	357.3	878.0	62.2	231.1	584.7
2006	1601.0	403.4	919.7	60.3	225.4	634.0

续表

年份	常住人口	外来常住人口	年末从业人员数	三次产业从业人员数		
				第一产业	第二产业	第三产业
2007	1676.0	462.7	942.7	60.9	228.1	653.7
2008	1771.0	541.1	980.9	63.0	207.4	710.5
2009	1860.0	614.2	998.3	62.2	199.6	736.5
2010	1961.9	704.7	1031.6	61.4	202.7	767.5
2011	2018.6	742.2	1069.7	59.1	219.2	791.4
2012	2069.3	773.8	1107.3	57.3	212.6	837.4
2013	2114.8	802.7	1144	55	210	879

资料来源:《北京统计年鉴（2013）》。2013年的数据来源于2013年北京市国民经济和社会发展统计公报。2013年全社会从业人员数及三次产业从业人员数为估计数。

北京的常住人口主要分布在首都功能核心区和城市功能拓展区（见表3-6），这两大区域构成了北京的主城区，两者常住人口合计超过1200万人，占北京常住人口的59.27%，为我国特大城市主城区500万人口标准的2.5倍。据估计，北京主城区人口规模超过1500万人，占北京实有人口的60%。而城市发展新区估计人口800万左右，生态涵养发展区的人口较为稀少，估计人口200万左右。虽然城市功能拓展区的平均人口密度只有8000人/平方公里，实际平均人口密度在1万人/平方公里左右，但主城区建成区域的人口密度在3万人/平方公里以上。

表3-6　　　　　　　北京分区县常住人口密度（2013年）

地　　区	土地面积（平方公里）	常住人口（万人）	常住人口密度（人/平方公里）
全　　市	16410.54	2114.8	1289
首都功能核心区	92.39	221.2	23942
东城区	41.86	90.9	21715
西城区	50.53	130.3	25787

续表

地　　区	土地面积 （平方公里）	常住人口 （万人）	常住人口密度 （人／平方公里）
城市功能拓展区	1275.93	1032.2	8090
朝阳区	455.08	384.1	8440
丰台区	305.80	226.1	7394
石景山区	84.32	64.4	7638
海淀区	430.73	357.6	8302
城市发展新区	6295.57	671.5	1067
房山区	1989.54	101.0	508
通州区	906.28	132.6	1463
顺义区	1019.89	98.3	964
昌平区	1343.54	188.9	1406
大兴区	1036.32	150.7	1454
生态涵养发展区	8746.65	189.9	217
门头沟区	1450.70	30.3	209
怀柔区	2122.62	38.2	180
平谷区	950.13	42.2	444
密云县	2229.45	47.6	214
延庆县	1993.75	31.6	158

注：表内人口数据根据人口抽样调查数据推算，为年末数。表内"土地面积"使用的是 2008 年数据，由北京市国土资源局提供。

从城市环线看，首都功能核心区的全部和城市功能拓展区的一半都位于北京五环以内。北京五环周长 98 公里，以天安门为中心、北京五环为圆周的圆形区域半径 15.6 公里，理论计算面积 764 平方公里，实际面积 725 平方公里。扣除 25 平方公里的公园绿地面积，以 2 万人每平方公里的人口密度计算，北京五环以内的人口达 1400 万人。北京四环 65 公里的周长内区域面积 250 平方公里，平均人口密度在 3 万人每平方公里以上，居住总人口 750 万人。

从官方公布的常住人口数据来看，北京的总人口是逐年增长的。但我们根据北京自来水销售总量恢复的北京总人口规模表明，1978～2013 年，北京城市实有人口规模波动是非常大的。早在 1980 年，北京实有人口规模就突破 1000 万，1992 年突破 1500 万，1997 年突破 2000 万，2014 年则突破 2500 万（见图 3－6）。

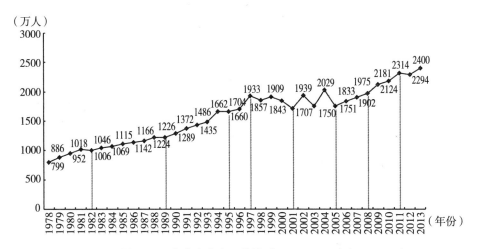

图 3－6　北京实有人口估计（1978～2013 年）

2005 年国务院会议通过的《北京城市总体规划》提出，到 2020 年，北京市总人口规模规划要控制在 1800 万人左右。即使按北京官方公布的常住人口在 2009 年就已经达到 1862 万人，比规划提前 11 年。而根据我们的估计，1997 年北京实有人口就已经超过 1900 万。受奥运会人口严厉控制的影响，北京人口一直在反复剧烈波动，稍有放松，人口即大幅度反弹。

北京人口增长最快的时期是 1989～1997 年，8 年人口累计增加 707 万，年均增长 88 万余人。1997～2008 年北京实有人口几乎没有增长，11 年间累计增加 42 万人，年均不到 5 万人；而官方统计人口则增加了 531 万人（见图 3－7）。2008～2013 年北京人口在奥运会强力行政控制政策放松之后快速反弹，6 年间人口累计增加 425 万人，年均增加约 71 万人，其增长幅度与增长率都小于 1989～1997 年的增长。从估计的人口序列数据来看，北京实有人口的增长同样符合 Logistic 曲线，2011 年以来已经进入了相对缓慢增长阶段。

重大事件和人口控制对北京城市实有人口的波动具有重大影响。1982 年 1

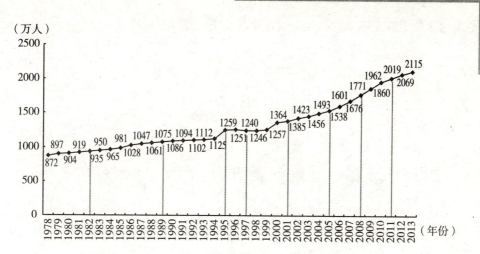

图 3 - 7　北京常住人口（1978～2013 年）

月 2 日，中共中央、国务院作出《关于国营工业企业进行全面整顿的决定》，大量进城民工被清理清退回乡，北京实有人口减少 12 万人。1982～1988 年 7 年间北京实有人口累计增加 218 万人，年均增加 31 万人。1988 年全国经济过热等导致北京人口增长一度停滞。1992 年中国由有计划的商品经济转身社会主义市场经济到 1997 年香港回归，此期间是北京人口快速增长时期。2001 年中国加入世贸组织，2008 年北京奥运会等事件都使北京总人口规模发生较大变动。特别是 2008 年奥运会举办之前北京最为严厉的人口控制导致北京实有人口大幅度地实际性减少，但在奥运会成功举办之后严厉的人口控制和疏导政策放松之后，北京人口呈现报复性地大反弹，到 2013 年年末，北京总人口规模与上海不相上下。另外，虽然北京经济总量比上海约少 2000 亿元，由于北京具有更高的服务业占比，而我国对服务业增加值核算相对第二产业要宽松，许多行业并没有计入 GDP 核算体系之内。根据我们的估计，北京 GDP 与上海也难分伯仲，表明京沪两个特大城市的实际人均产出基本相等。

2010 年北京市"六普"时常住外来人口共 704.5 万人。从外来人口的来源省份看，65.7% 的外来人口来自河北、河南、山东、安徽、黑龙江、湖北和四川 7 个省。其中，河北省来京人口最多，为 155.9 万人；其次是河南省，为 98.0 万人；山东省位居第 3，为 59.8 万人；其他各省占比如图 3 - 8 所示。与 2000 年相比，河北省、河南省依然稳居前 2 位，山东省由第 4 位上升至第 3 位，安徽省由第 3 位下滑至第 4 位，黑龙江省由第 9 位跃升至第 5 位，湖北省由第 7 位上升至第 6 位，四川省由第 5 位下滑至第 7 位①。

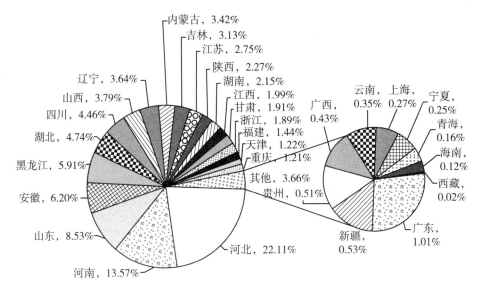

图 3-8　北京外来人口省份来源构成（2010 年"六普"长表数据）

我们根据百度 2015 春运人口迁徙大数据推断，2014 年年末北京的外来人口中，河北占比最高，河南次之，山东第 3 位，山西、安徽、湖北、辽宁、黑龙江分别居第 4~8 位。外来人口规模增减及其原因与上海有点类似。距离较远的省份由于农民工回流而减少，邻近省份则因流动人口常住化沉淀而增加。比较明显的序位变化是山西超过安徽，除山西距离北京较近的因素外，煤老板更有财力居住北京也是可能的原因。北京 1200 万的外来人口中：河北占三成，约 360 万；河南占一成多，约 140 万；山东也有近百万人口流向北京（见图 3-9）。东三省也有百余万人口流向北京，由于东北地区在国家战略中居于重要地位，这种现象值得高层重视，因为清末东北人口稀少及流失是国土沦丧的重要原因。

① 资料来源：北京市第六次人口普查办公室，《北京市常住外来人口来源地分析》（2011-7-4），http：//www. bjstats. gov. cn/rkpc_ 6/pcsj/201107/t20110704_ 205615. htm.

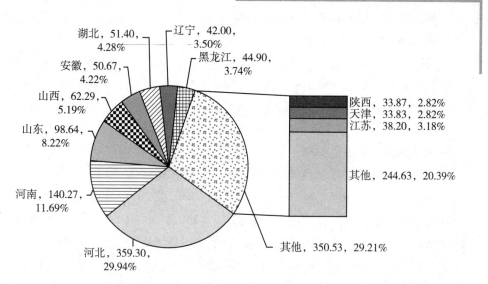

图 3 - 9　北京外来人口省份来源构成（百度 2015 年春运人口迁徙大数据）

三、广州市

改革开放给广州带来巨大的发展机会，广州国内生产总值（GDP）于 1988 年超越重庆、1989 年超越天津，从而跃居国内第 3 的地位并保持至今。与之相对应，广州外来人口也迅速增长。1988 年，广州城区流动人口总数约 350 万人，其中有 50 万左右来自广州农村（周晓津，2011），高于同期的北京和上海。广州流动人口这一高峰值直到 1992 年才逐步恢复。1994 年，广州流动人口规模增长到 500 万左右，其中有农民工 350 万（周晓津，2011）。受 1997 年亚洲金融风暴的影响，到 2000 年，广州外来人口缓慢增加到 600 万人左右，规模与北京市相当。

中国加入世贸组织之后，广州外来人口再次迎来强劲增长。到 2004 年年末，广州外来总人口规模增长到 960 万人左右①，年均增加 90 万人，其增速高于同期的北京和上海。2005 年后，与珠三角地区其他城市一样，广州外来农民工低速增长，同期外来人口持续增长。

---

① 2004 年，广州市有登记的外来人口 343 万人，占外来总人口的 1/3 左右。由于办理外来人口登记证件需要 15 元，向上少报人口成为珠三角城市基层管理的重要收入来源。

周晓津（2012）根据广东省跨省流动人口及广州市 GDP 占全省比例计算的广州市跨省流动人口及农民工规模。结果表明，广州市 2005 年跨省流动人口及农民工数量达以历史最高峰，至 2010 年年末，广州市跨省外来总人口 837 万，其中跨省农民工 494 万；而来自广州市区以外本省区域内的外来人口自 1988 年以来变动范围大致在 300 万 ~400 万；广州市总人口规模在 1850 左右，白天高峰期间 2000 万左右，低于北京和上海，总人口规模居全国第 3 位，与广州在全国的经济地位相符。

来自国家统计局《2011 年我国农民工调查监测报告》[①] 指出，2011 年在珠三角地区务工的农民工为 5072 万人，比上年增加 7.4 万人，增长 0.1%。珠三角地区务工的农民工分别占全国农民工的 23.1% 和 20.1%，分别比上年下降 0.9 和 0.8 个百分点。我们认为，这份报告很可能高估了珠三角农民工的数量和增长水平。因为根据广东统计年鉴（2011）提供的数据，2010 年珠三角农业户籍人口总共只有 852 万人，意味着珠三角本地户籍的农村劳动力只有 500 万人。我们的调查发现，珠三角地区农村劳动力外出打工的比例低于本省平均水平，也低于广东邻近省份。因此，即使能够全部将珠三角本地户籍可供农民工统计在内，其数量也不过 300 万人。

调研发现，广东本省农民工占珠三角农民工的比例只有 30% 左右，以 5072 万珠三角农民工计算，广东共有来自外省的农民工 3500 万人左右。根据珠三角农民工调查报告，广州农民工总量约占珠三角农民工的 13.4%，即 2011 年广州来自跨省的农民工数量为 471 万人（农民工总数 672 万人），跨省农民工比 2010 年减少约 20 万人。

广州市政府对外公布的流动人口数据主要来源于广州市社会科学院城市管理研究所的研究。根据他们的研究成果，广州市 2005 ~2010 年的流动人口数分别为 364 万、399 万、466 万、500 万、636 万和 726 万。2009 年和 2010 年广州公布的外来人口竟然每年新增 100 万左右，这种可能性是非常低的，唯一的解释是相关的流动人口研究方法、调查范围以及调研分析结果跟实际人口相比越来越接近，有了相当大的改进，而广州外来劳动力自 2005 年之后逐步减少。事实上，自 2004 年之后，广东跨省外来劳动力流入强度持续减弱，外省劳动力占全国比例从高峰期的 35% 下降到 2010 年的 28% 左右。

---

① 资料来源：国家统计局，《统计分析报告》2011 年我国农民工调查监测报告，2012－4－27（http：//www. stats. gov. cn/tjfx/fxbg/t20120427_ 402801903. htm）。

　　人的生存离不开水、粮食等生活必需品，人口与生活必需品的消费成相当强的正比例关系；人与经济活动紧密相关，人口与经济活动的结果同样呈现出较强的正比例关系。人口估算主要通过找出消费总量和经济活动总量和实际人均指标，就可以得出实际人口数量。根据《广州日报》报道（2013 - 2 - 20，徐海星、叶卡斯），截至 2012 年年底，广州全市人口每天共消耗大米 5000 吨，食品油 800 吨，鸡蛋 800 吨，鸡 160 万只，猪 2.1 万头，鱼 1600 吨，菜 8000吨，糖 320 吨，盐 128 吨（见图 3 - 10）。我们对此逐项进行分析。

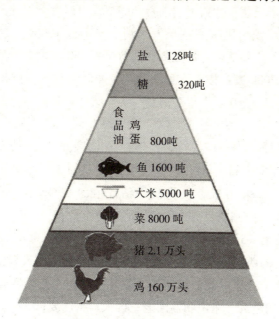

图 3 - 10　广州人口每日"菜单"

　　首先，从人均每天食盐量来估计。通常成人每天食盐量 6 克左右会比较健康，若按人均每天 6 克食盐量计算，广州地区总人口为 2133 万；考虑到广州人均食盐量较高，外来人口特别是农民工因劳动强度比较大，人均食盐量加倍，即每天食盐量为 12 克（例如湖北省人均每天食盐量就有 12 克），因此若按人均日食盐量 8 克计算，广州地区的人口规模为 1600 万。进一步考虑，800万广州户籍人口人均日食盐量按 6 克计算是 48 吨，剩下的 80 吨食盐由外来人口消费，按人均 10 克计算有 800 万外来人口；再将私盐考虑在内，据估计广东省有 1500 万人吃私盐，以此推算广州有 300 万左右人口可能吃私盐。因此按食盐量计算，广州地区总人口有 1900 万。

其次，从食品油和鸡蛋的消费量也可以较好地估计广州地区的总人口。查《广州统计年鉴》（2011），2010 年广州户籍人口每年食品油和鸡蛋的购买量是14.56 千克，折合日消费量为 39.89 克，将 800 吨的食品油鸡蛋消费量换算成克，再除以日人均消费量，得到广州地区总人口是 2005 万。

再次，从鸡和鱼的消费量来看，三口之家每周吃鸡 2 只左右，由此计算广州人口是 1680 万，再将 200 万农村人口考虑在内，广州地区总人口是1880 万。

最后，从大米、蔬菜和猪肉的消费和购买量可以大体估计广州的人口。虽然广州本地户籍城镇居民家庭每天大米消费量不到 100 克，2010 年仅 99.45克，但总体上看，广州地区人均大米日消费量在 250 克左右，据此估算广州目前总人口规模为 2000 万；按人均日消费蔬菜 400 克估计，广州目前总人口规模也是 2000 万；以每 1000 人每天消费一头肥猪计算，广州目前的总人口规模是 2100 万。

从以上的估算情况来看，2012 年广州地区总人口规模在 1800 万 ~2000 万。但从官方公布的人口数据来看（见表 3 - 7），2012 年年末广州市常住人口只有 1284 万人，仅为我们估计值的 60%。广州中心城区的人口密度十分惊人，原越秀、东山、荔湾三区面积仅 37.9 平方公里，仅官方公布的人口就有 155.91 万人，每平方公里人口数为 41137.2 人，比北京人口密度最高的西城区多 1.6 万人/平方公里，比上海人口密度最高的黄埔区多 0.6 万人/平方公里。我们在调查中发现：广州中心城区建成区域的人口密度并不比原来的越秀、东山和荔湾老三区人口密度要低，实际上很多区域的人口密度比这老三区要高。

表 3 - 7　　　　广州市各区、市土地面积、人口及其密度（2012 年）

区、县级市	土地面积（平方公里）	年末常住人口（万人）	年末户籍人口（万人）	常住人口密度（人/平方公里）	户籍人口密度（人/平方公里）
全　市	7434.4	1283.89	822.3	1727	1106
市　区	3843.43	1118.56	677.97	2910	1764
荔湾区	59.1	89.31	71.2	15112	12047
越秀区	33.8	114.95	117.21	34009	34675
海珠区	90.4	157.58	97.74	17431	10812

续表

区、县级市	土地面积（平方公里）	年末常住人口（万人）	年末户籍人口（万人）	常住人口密度（人/平方公里）	户籍人口密度（人/平方公里）
天河区	96.33	144.66	79.63	15017	8267
白云区	795.79	225.2	86.31	2830	1085
黄埔区	90.95	46.47	20.42	5109	2245
番禺区	529.94	143.75	80.81	2713	1525
花都区	970.04	95.64	67.71	986	698
南沙区	783.86	62.33	36.74	795	469
萝岗区	393.22	38.67	20.2	983	514
县级市	3590.97	165.33	144.33	460	402
增城市	1616.47	104.92	84.77	649	524
从化市	1974.5	60.41	59.56	306	302

资料来源：广州统计年鉴（2013），http://data.gzstats.gov.cn/gzStat1/chaxun/njsj.jsp.

与实有人口相比，广州官方人口数据存在严重的低估。以越秀区为例，2012 年这个区户籍人口 117.21 万人，年末常住人口仅 114.95 万人，数据本身并没有错，因为很多越秀户籍人口选择到其他区居住。但调查中表现，越秀用于出租的房屋面积 1165 万平方米，以人均 20 平方米计算，居住在出租屋的外来人口就有 58.25 万人[1]。我们的调查发现，在广州中心城区和深圳关内，来自农村的外来人口在城中村的人均居住面积仅为 7 平方米左右，家庭租住的人均面积一般只有 15 平方米左右，人均 20 平方米的估计值实际是相当保守的。

2003 年，海珠区某新村 10 分钟造成 5 死 3 伤的火灾发生后，"城中村"出租屋的消防问题再次引起广泛关注，调查发现，广州中心城区"城中村"出租屋人均面积很多小于 3 平方米，因而在随后的整治过程中，政府要求人均面积小于 3 平方米的出租人不得出租（南方都市报，2003-10-15）。全市共

---

[1]　以满堂红促租赁交易为例，2013 年 1~10 月，非广州户籍租客占比约 91%，而 2014 年同期仅占 86%（广州日报，2014-12-8）。中心城区的高房租导致租客流向白云、番禺两区的可能性是存在的，但我们担心外地租客数量锐减很可能是广州外来人口的大流失。

清查出租屋 172658 栋、695368 间，面积约 2215 万平方米①，其中天河区已对 160439 间出租屋逐一造册登记，白云区则取缔了 9555 间出租屋（金羊网－新快报，2003－10－29）。2005 年年末，广州市出租屋管理领导小组参观了新模式出租屋的"样板房"——广州经济开发区佳大·时代公寓。作为"广州最具标志性的"公寓出租屋，每间出租屋面积大约 45 平方米，1004 间房入住了 4300 多人（信息时报，2005－12－23），人均面积也只有 10.3862 平方米。

外来人口高密度聚居一直没有大的改变。2014 年，广州市市政府印发《广州市群租房整治工作方案》，决定在全市范围内开展群租房专项整治，规定人均居住面积不得低于 5 平方米（南方日报，2014－8－21）。但海珠区凤凰岗一个不到 20 平方米的出租屋里，竟然挤进 4 对夫妻，10 多年来人均居住面积仍然不到 2.5 平方米（羊城晚报，2013－7－21）。广州天河区群租房 75 平方米房有 25 床位，人均也只有 3 平方米（广州日报，2014－9－12）。

另外，我们发现，部分居民出租房屋时并没有备案登记，因此用于出租的房屋实际面积可能更大。调查发现，越秀、荔湾、海珠老城区的居民自有住房，为提高租金收入，也是把房间面积进行不同程度的分割，把大房分割成 2~3 个小房，小的面积有 3~4 平方米，大的面积有 6~7 平方米。随着居民生活水平的提高，这些老房子的屋主有相当一部分已不居住在这里，租给在附近做生意的流动人员。还有一部分屋主已移居国外，房屋靠其亲属帮助打理。广州老城区专业市场众多，因而也在一定程度上带动了住宅租赁市场的兴旺。有相当一部分部分房屋就是在这些专业市场里做生意的外来人员租用的。广州老城区住宅租赁市场存在着两极分化的现象，低收入者多租住城中村原来农民自建的房屋，而高收入者一般多租住相对有小区物业管理的高档楼盘。

沿用周晓津（2011）② 有关广州农民工规模估计的成果，我们构建了广州 1980~2013 年的人口规模曲线图（见图 3－11）。广州人口有两个快速增长阶段：一个是 1980~1995 年的快速增长，15 年总人口规模累计增长 746 万人，年均增加近 50 万人。期间 1987 年比前一年减少 10 万人，主要原因是 1986 年人口流入过度，高失业率导致很多农民工不敢来广州了；1989 年也导致人口

---

① 按人均 5 平方米计算，2215 万平方米的城中村可住 443 万外来人口，这基本上是广州中心四区的外来人口数量，加上非城中村居住人口，广州外来人口数量惊人。
② 周晓津. 农民工规模与市民化成本：基于福利经济学分析//载李江涛主编：广州农村发展报告 [M]. 北京：社会科学文献出版社，2011：211－230.

一度减少。第二个快速增长阶段是 1997 ~ 2005 年，受香港回归和中国加入世贸组织推动，8 年间实有人口增加 665 万，年均增加 83 万余人，排除人口恢复性增长因素，此阶段广州人口增长速度与第一阶段大致相同。

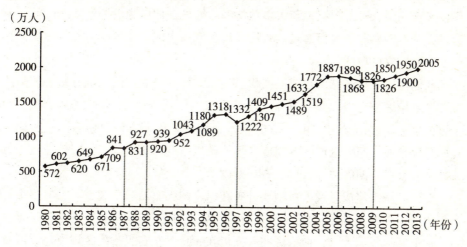

图 3 – 11　广州人口规模估计（1980 ~ 2013 年）

2006 ~ 2008 年，由于产业转移推动，广州农民工流失严重，总人口规模减少 72 万人，每年减少 36 万人。2009 年之后受大学毕业生和常住外来人口的家庭人口来穗因素影响，广州人口增长相对放缓。比较广州与北京、上海实有人口增长波动，我们发现广州人口周期比两市早一年。

广州传统的中心城区包括越秀、荔湾、天河、海珠、黄埔等五个区，面积 370.58 平方公里。2012 年官方公布的五区常住人口 553 万人，占全市常住人口的 43%；户籍人口 386.2 万人，占全市户籍人口的 47%。若采用北京的城市功能划分方式，原老三区为广州的城市功能核心区，除老三区之外的五个传统中心城区可视之为广州的城市功能拓展区，而白云、番禺和花都三区可视为广州的城市发展新区，增城、从化和南沙三区应视为广州的生态涵养保护区。与北京所不同的是，广州的城市功能分区存在互相重叠的现象，例如，白云区和番禺区靠近传统中心城区的区域实际上已经融为一体，花都也因新机场建设和汽车产业的飞速发展而日益融入中心城区。因此，若从城市功能的角度，广州各区有必要进一步调整。

越秀作为老城区，可供居住的建筑无法继续扩展，因而无法容纳更多的人口。虽然有不少越秀户籍人口离开越秀而居住在其他各区，但实际上因户籍人口迁移而空闲出来的房屋并没有闲置，反而会容纳更多的外来人口。由于越秀区内公园密集，医院及办公大楼密集，这在一定程度上减少了供人们居住的可能性。南沙和从化则发展缓慢，外来人口较少，基本上以户籍人口为主。2003年以来珠三角农民工短缺，与大多数学者一样，我们以为沿海发达地区的农业劳动力基本转移完毕，但通过调查后发现，广州山区农业劳动力外出的比例远低于中西部农村地区①。

我们可以从各区城市建成区面积来大致估计广州人口的区域分布。广州传统四个老城区越秀、天河、海珠、荔湾建成区面积分别为 33.8 平方公里、70平方公里、70 平方公里、40 平方公里，合计为 210 平方公里左右。从实地调查的情况来看，四个老城区的建成区平均人口密度都比较高，保守估计在 4 万人每平方公里，四区估计人口在 840 万以上②。

白云区城市建成区及人口主要分布在以广州火车站、广和大桥、广州市一一五中为顶点的三角形区域内，面积约 100 平方公里，居住人口在 300 万左右，加上其他各镇人口，白云区实有人口在 350 万左右。番禺区城市建成区及人口主要分布在沙湾水道以上、京珠高速以西的四边形区域，面积 220 平方公里。由于番禺居住区域楼层较低，楼距相对较宽，因此番禺建成区内人口密度相对较低，约 1.5 万人每平方公里，建成区域人口约 330 万人，加上其他镇区人口，番禺全区人口与白云区差不多，约 350 万。

新黄埔区城市建成区 90 平方公里左右，人口密度约 2 万人每平方公里，加上其他镇街，黄埔全区人口在 200 万左右。增城区人口主要集中在新塘镇及增城区府所在区域，其中新塘镇人口在 100 万左右，增城区域所在区域人口在 50 万左右，增城全区人口在 180 万左右。南沙区和从化区人口估计值和官方公布数据基本相等。花都人口主要集中在区府所在地新华街道和狮岭镇，其建成区域面积 100 平方公里，人口密度在 1 万人左右，花都全区人口在 100 万左右。我们根据出租房屋情况估计各区的实有人口如图 3－12 所示。

---

① 例如，徐滇庆教授和李昕博士所著的《看懂中国的贫富差距》（机械工业出版社，2011 年 8月）认为中国东部沿海发达地区的农业劳动力已经向非农产业转移完毕，而中西部则仍然有大量农业劳动力需要转移。

② 在广州、深圳两个特大城市中，人口密度最高的是城中村，每平方公里的人口密度在 20 万 ~50 万人。按越秀实有人口成比例估计，广州越秀、荔湾、海珠、天河 4 区人口有 988 万人。

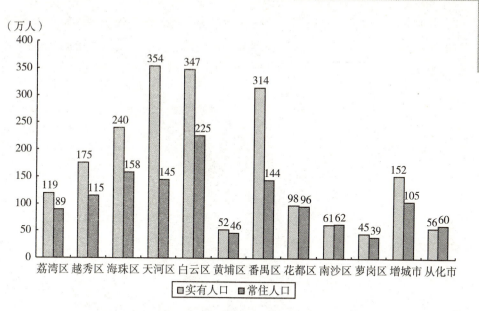

图 3-12 广州实有人口与常住人口区域分布（2013 年）

2013 年广州全市人口总计 2050 万，与官方公布的人口数据相比，白云、番禺相差最大，其次是海珠、天河、增城和荔湾，越秀、花都、南沙和从化相差最小。差距主要来源于外来人口及其在城中村内密集分布。值得注意的是，在对待城中村问题上，北京、上海两地基本上有建必拆，而广州、深圳则更多地将留给农民的地交由农民自主建房，几乎每个村都有城中村建筑，其面积约为原村集体面积的 10%。城中村在广州、深圳发展过程中的作用不宜低估和贬斥，但也不能任由城中村继续扩展。

从城市功能的角度来看，越秀区集广东省府、广州市府和区府于一身，是广州的城市功能核心区；天河、海珠、荔湾为城市功能拓展区；黄埔、白云、番禺、花都和增城是广州的城市发展新区；从化和南沙应定义为广州生态涵养保护区（见图 3-13）。2014 年年末，中国自贸试验区的"第二梯队"正式亮相，广东自贸区敲定的三大片区中，60 平方公里的广州南沙新区纳入其中。在人口几近零增长的状态下，我们对南沙未来的发展谨慎乐观。南沙拥有地处珠三角几何中心的优越地理位置，但在 20 世纪 80~90 年代其发展优势被对岸的东莞虎门所拥有，21 世纪初期原计划的大钢铁、大石化产业被移至他处。就环境而言南沙发展到如今并无遗憾之处，如在人口调控方面不能取得较大进展，未来南沙成为空城的可能性较大。与郑州的郑东新区大逆转所不同的是，河南省人口本来就多，仅郑州消化自身户籍人口就可能实现新区发展，而在广东省外来人口特别是劳动力人口持续减少的情况下，吸引人口才是南沙新区发展的关键。

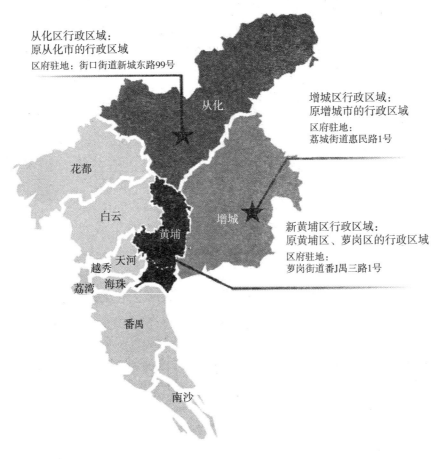

图3-13　广州行政区划调整（2014年）

由于北京、上海两地政府的强力压制，以及官方在人口规模问题上逐步摸清家底，使两市在城市扩展用地方面得到上级政府的肯定和放松；而广州则由于对人口规模家底模糊，城市扩展用地长期以来无法得到满足，导致广州城市建成区面积较上海、北京要低，广州全市建成区面积仅950平方公里左右。由于广州人口密度极高，导致居住安全问题高发，从2003年的SARS到2014年的登革热，疾病高发区域无一不是人口密集、空气流通性极差的区域，加上城市地下管道及河道的高营养化，蚊虫繁殖迅速。广州对人口高度密集区域的疏散工作将是一项长期任务。

四、深圳市

深圳官方公布的人口数据长期以来受到各方质疑但少有权威结果可供选择。事实上，在 2004 年之前，深圳官方公布的外来人口数据通常仅包括制造企业的劳动力数量。因此，根据深圳制造业和第三产业的增加值以及官方公布的社会从业人数，就可以大致估算出深圳 1981～2010 年的劳动力人数（见图 3-14）。由于有相当多的服务业就业并没有纳入深圳官方的统计范围，图 3-14 中对深圳实有劳动力的估计仍然相当保守。

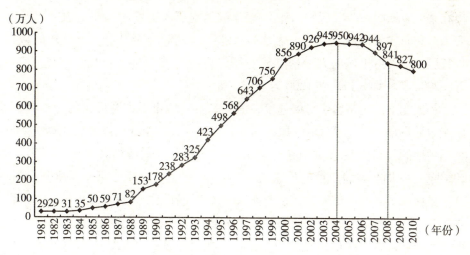

图 3-14　深圳实有劳动力估计（1981～2010 年）

注：数据来源于《深圳统计年鉴（2011）》，实有劳动力为估算数在数值上等于年末从业人员数加上第三产业调整人口数再减去职工人数。

从实有劳动力数量来看，1988～2000 年是深圳劳动力总量快速增长时期，12 年间劳动力累计增长 774 万人，年均增长 64.5 万人。2004 年深圳劳动力规模达到 950 万的顶峰，到 2010 年则累计减少 150 万人。由于人口中的非劳动力增加，深圳总人口在 2004～2008 年虽然农民工流失严重，但总人口依然增加。事实上，由于工业在深圳的特殊地位，官方所统计的服务业增加值实际上存在显著的低估，因此上述估计也会存在较大的低估，但仍旧能够反映出深圳劳动力的增长趋势和显著波动。由于深圳在劳动力规模上的优势，近年来，越来越多的信息表明深圳如同苏州一样，其经济规模已经超越广州而成为全国第三大经济中心城市。

20世纪90年代是深圳劳动力高速增长时期，也是深圳经济飞速发展时期。周晓津（2005）[①] 在一篇网络发表的文献中对深圳人口进行了粗略估计，基本结论是深圳早在2004年时其人口规模就已经超过1800万。其中关内三区人口600余万，包括200余万常住人口和居住在城中村式建筑中的400万以上外来人口[②]；关外的宝安和龙岗两区人口1200万。值得注意的是，由于深圳官方统计范围变动很大，早期以关内特区为主，因此传统的人口估计方法如利用城市用水、用电及人均调查数据进行估计时偏差较大，需要仔细勘查数据来源和出处，明确统计事项涉及的范围[③]。利用城市卫星图像可以大致估计出该城市在某一时期的人口。1990年，深圳建成区主要覆盖罗湖区和南山区以及宝安关口和布吉关口零星区域（见图3－15）。到2002年年末，深圳建成区域约增长了6倍。由于城区人口密度相对稳定，1990年深圳人口估计达到了200万，2002年深圳人口应在1200万以上。

相比北上广城市影像扩展速度，深圳是一线城市中扩展最快的。事实上，由于本地户籍人口规模远低于国内其他特大城市，改革开放以来深圳吸纳来自全国各地的人口数量远多于其他城市，其外来人口规模排名位居全国第一。2013年，深圳非本地户籍的外来人口1400万以上，大于北京、上海和广州。从城区面积扩展的情况来看，京沪穗深4大一线城市中，深圳城市扩展速度最快，北京、上海、广州三个城市建成区面积的扩展速度大致相等。比较而言，穗深两个城市建成区面积虽然小于京沪，但由于穗深两市的人口密度大于京沪，因而穗深在人口总量方面比京沪相差不是太大，但绝对数量依旧可观，我们估计京沪穗深2014年年末人口分别为2550万、2500万、1900万和1700万。

从2005年开始，利用手机用户总数基本可以估算出各大城市的人口。从

---

① 周晓津. 深圳人口：1800万［EOL］. http：//bbs. tianya. cn/post－house－25665－1. shtml.

② 我们曾利用GOOGLE卫星图像工具对深圳关内城中村面积进行测量，得到汇总的城中村面积为980万平方米，与同期深圳市政府公布的关内城中村面积10平方公里（1000万平方米）非常接近，误差仅2%。在实地访谈调研中发现，关内城中村外来人口人均居住面积仅7平方米。有关深圳人口估计的网络文章发表后，从网络反馈来看，不少深圳外来人口亲历者认为估计相当保守。

③ 2007年之后深圳官方统计基本覆盖了全市，利用生活用水用电总量及人均消费量估计人口时可信度较高。

[1] 特区深圳

[2] 广州中心城区

[3] 北京中心城区

[4] 上海中心城区

图 3-15　城市扩展卫星影像图（1990 年 VS. 2002 年）

资料来源：杭州网论坛（http://bbs. hangzhou. com. cn/）。

图 3-16 中可以看出，深圳人口在 2007 年达到顶峰，总人口规模超过 1800 万；2008 年、2009 年受金融危机影响迅速下降，2010 年、2011 年有所恢复，2012 年又开始下降，表明深圳以劳动力为主的人口受经济周期波动影响极大，其调整速度也相当快。从实有劳动力估计看，2004 年深圳劳动力总数达到阶段性新高，随后进入产业升级转型，制造业劳动力数量下降，而第三产业劳动力增加；同时深圳非劳动力流入增加，导致深圳人口在 2007 年达到顶峰。

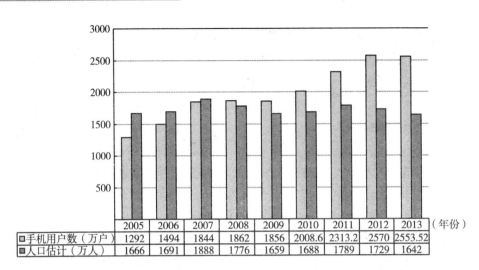

图 3-16　深圳手机用户总数与人口估计数（2005～2013 年）

	2005	2006	2007	2008	2009	2010	2011	2012	2013	(年份)
手机用户数（万户）	1292	1494	1844	1862	1856	2008.6	2313.2	2570	2553.52	
人口估计（万人）	1666	1691	1888	1776	1659	1688	1789	1729	1642	

　　事实上，我们的估计结果是相当谨慎的。以 2012 年为例，由深圳市公安局 2012 年发布的"社会治安抽样调查"结果显示，截至 2012 年年底，深圳市流动人口已达 1532.8 万，为此市户籍人口的 5 倍。据公安部门抽样调查，流动人口中约 120 万人无稳定收入，超过 80 万无业人员长期滞留深圳。2012 年深圳有 287.62 万的户籍人口，意味着 2012 年深圳的总人口高达 1820.42 万人，高出我们的估计人口近百万。

　　深圳市卫人委的全员人口信息系统数据清查显示，2012 年年末，深圳市计划生育管理服务常住人口 1300.18 万人，比上年减少 70.80 万人，户籍人口 304.94 万人，比上年增加 29.59 万人[1]。由于深圳市卫人委调查口径主要与适龄生育人口有关，此部分人群是深圳人口的主体，约占总人口的 80%，以此为依据调整后的深圳总人口为 1745 万，与我们估计的 1729 万人口相当接近。值得注意的是，深圳卫人委的人口数据清查同样表明深圳劳动力人口的流失趋势非常明显且规模巨大，2012 年深圳劳动力人口流失接近 100 万[2]，表明深圳经济增长的潜力和前景甚忧。2007 年以来，深圳人口估计流失 246 万人，而深圳官方的常住人口却始终保持增长的态势，这种误判将对城市的发展和转型

---

　　[1]　资料来源：深圳晚报（2013-1-22）。http://esf.sz.soufun.com/newsecond/news/9410923.htm.
　　[2]　深圳劳动力大规模流失是发生在 2008 年和 2009 年，而深圳市卫人委当时并没有开展清查，从而造成两者的数据差异。

造成重大损失，首当其冲的将是房地产业和金融业。

总体上来看，从深圳立市到20世纪90年代初，深圳人口从30万增长到300万，年均增长30万左右，其中相当一部分为建筑工人；1991~2007年是深圳人口增长最快的时期，总人口从300万增长到1800万的特大城市人口规模，年均增长88万，是国内人口增长最快的城市；2007年之后深圳总人口逐步减少。在空间分布方面，关内人口约占深圳总人口的1/3，其中一半住在关内商品房内，约300万人口，其余一半人口居住在占地面积约11平方公里的小产权房内（10万栋左右）；关外宝安大区和龙岗大区人口占比约为7∶5，其中300万左右居住在商品房内，各类工厂居住约200万，其余近700万居住在关外70万栋左右的小产权房中。

从城市功能的角度看，福田是深圳的城市功能核心区，人口规模190万左右，估计人口密度为2.4万人每平方公里（见表3-8）；罗湖、南山、宝安和龙华四区为深圳的城市功能拓展区，人口规模1050万左右，估计人口密度在1万人每平方公里以上；其余区域为深圳城市发展新区，人口500万左右，生态涵养区缺乏。由于背靠东莞、惠州等珠三角城市，相比广州可扩并原有辖地佛冈县，深圳区域扩张难有实有性的进展。

表3-8　　　　深圳分区土地面积、人口及人口密度（2012年）

地　区	土地面积 （人/km²）	年末常住人口 （万人）	其中		人口密度 （人/km²）	总人口规模估计 （万人）	人口密度估计 （人/km²）
			户籍人口	非户籍人口			
全　市	1996.85	1054.74	287.62	767.13	5282.00	1662	8323
福田区	78.66	133.05	73.02	60.03	16915.00	189	24000
罗湖区	78.76	93.64	50.62	43.02	11889.00	189	24000
盐田区	74.64	21.26	5.05	16.21	2848.00	30	4000
南山区	185.49	110.85	61.60	49.25	5976.00	167	9000
宝安区	398.38	268.44	34.96	233.49	6738.00	518	13000
龙岗区	387.82	192.69	35.61	157.07	4969.00	252	6500
光明新区	155.45	49.18	5.73	43.45	3164.00	62	4000

地　区	土地面积（人/km²）	年末常住人口（万人）	其中		人口密度（人/km²）	总人口规模估计（万人）	人口密度估计（人/km²）
			户籍人口	非户籍人口			
坪山新区	167.01	31.68	3.89	27.79	1897.00	50	3000
龙华新区	175.58	140.86	13.08	127.79	8023.00	176	10000
大鹏新区	295.06	13.09	4.05	9.04	444.00	30	1000

注：非估计数据来源于《深圳统计年鉴（2013）》。按照国家目前的人口统计制度以及市政府《深圳市人口统计监测办法》，自2006年起，深圳户籍人口指拥有深圳红印户口，在深圳居住半年以上的人。经请示广东省统计局，原"暂住人口"更改为"非户籍人口"。深圳非户籍人口指常住人口中，没有深圳红印户口的人。

五、基于大数据的超大型城市人口估计

大数据概念最早是IBM定义的。IBM将大数据的特征归纳为4个"V"。麦肯锡是最早提出大数据时代已经到来的咨询公司。英国人维克托·迈尔—舍恩伯格与肯尼斯·库克耶在其合作编写的《大数据时代》中指出[1]：大数据指不用随机分析法（抽样调查）这样的捷径，而采用所有数据的方法。基于大数据的判断或者结论的理论基础实际上是统计学方面的大数定律：当数据足够多的时候，其所反应的事物越接近于真实。

在国内，童大焕首次利用QQ大数据分析北上广深等一线城市的人口流动情况[2]。他的分析结果被国内媒体及一些重量级咨询机构（如安邦咨询等[3]）采用，在国内具有一定的影响力。然而我们仔细推敲后发现该分析存在较大的错误。童大焕认为，2013年年底，北上广深四地QQ活跃用户与非活跃用户分别为9621万户和6855万户。因此他推算的结论是："包含瞬间流动人口在内，北上广深四城市2013年年底的实际人口数量并非官方公布的6930万，而是高

---

① ［英］维克托·迈尔—舍恩伯格（Viktor Mayer – Schö nberger）著、袁杰译，大数据时代（Big Data：A Revolution That Will Transform How We Live, Work, and Think. 浙江人民出版社，2012。

② 资料来源：腾讯大家童大焕（2014 – 3 – 10）——"QQ大数据：年轻人逃离北上广了吗？"，http://dajia.qq.com/blog/385280074101218。

③ 在安邦咨询2014年9月的《每日信息》中，他们认为北京有3000万人口，显然受到这种错误的大数据分析的影响。

达 1 亿 6476 万"。

2014 年 1 月 16 日至 2 月 1 日，共计 4907 万 QQ 用户从北上广深四城回到全国各地，占四地总用户数的 51%，由此可以推断出北上广深实际人口数量为 9621 万（4907/51% = 9621）。从我们前面的分析来看，2013 年年末北京、上海、广州和深圳 4 个一线城市总人口规模分别为 2500 万、2500 万、2000 万和 1600 万，合计为 9600 万。在通信高度发达的今天，北上广深手机拥有率极高，人均手机拥有量超过 1 部，商务人士的手机拥有率高达 1.5 部，QQ 也不再是年轻人的专利，只要有手机就可以安装 QQ 程序，因此不能简单地推算非活跃用户。

北京、上海、广州、深圳 4 个一线城市的户籍人口分别为 1300 万、1400 万、800 万和 300 万，共计 3800 万。由于并非所有的外来人口都回家过年，因此至少有一部分外来人口留在四地过年，这些留下来的外来人口和绝大部分户籍人口一起分享剩下的 49% 的 QQ 用户。将北上广深 4 市 60 岁以上的老年人口和 10 岁以下儿童共计 1100 万扣除之后，剩余的 2700 万户籍人口和一部分留下来过年的外来人口才与 49% 的 QQ 用户相对应。

童大焕还认为，根据 QQ 大数据显示的信息，有 1994 万 QQ 用户在过年之后首次从全国各地来到北、上、广、深四地。另外，他根据智联招聘根据简历库数据分析显示，高校毕业生初次就业集中在北京、上海、广州、深圳四大城市的比例高达 54.1%，毕业三年后在这四大城市就业的更是高达 57.3%。因此他推算："每年北上广深四大城市新增就业人口将达到 2344 万"。这种推算也是错误的：其一，并非所有春节之后没有回北上广深的 QQ 用户就不再回来了，因为即使到了每年的 5 月，仍然有一部分外出人员陆续回原流入地工作；其二，虽然高校毕业生要到每年的 6、7 月才离校，但大部分高校学生是回家过年的，且很多学生是在节后才回校的；其三，年后首次来北上广深的包含很多旅游人口，这部分人口在 500 万左右①；其四，年后有很多毕业生来四地求职，QQ 用户首次增加实属正常。

我们根据百度 2015 年春运人口迁徙大数据推断，2014 年年末深圳依旧是全国外来人口最多的城市；北京超越东莞居第 2 位；东莞、广州和上海外来人口规模处于同一水平，分列第 3～5 位；佛山、杭州、宁波、南京和天津等城

---

① 北、上、广、深日均旅游人口在 50 万左右，四地合计日均 200 万，再乘以平均居住天数 2.5 天。

市的外来人口规模分列全国第 6 ~ 10 位；重庆依然是人口净流出的特大城市，但其流出规模较 2013 年减少了 40 万左右，表明重庆对自身人口吸引能力大为增强（见图 3 – 17）。佛山、宁波和东莞等非省会城市人口流失，相继退出 1000 万以上人口的特大城市行列，2014 年的"扫黄行动"导致东莞人口减少 20 万左右。

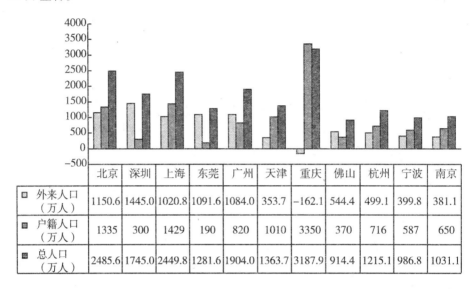

	北京	深圳	上海	东莞	广州	天津	重庆	佛山	杭州	宁波	南京
□ 外来人口（万人）	1150.6	1445.0	1020.8	1091.6	1084.0	353.7	-162.1	544.4	499.1	399.8	381.1
■ 户籍人口（万人）	1335	300	1429	190	820	1010	3350	370	716	587	650
▨ 总人口（万人）	2485.6	1745.0	2449.8	1281.6	1904.0	1363.7	3187.9	914.4	1215.1	986.8	1031.1

图 3 – 17 国内主要大城市人口规模推断（百度 2015 年春运人口迁徙大数据）

第四章

我国特大城市人口规模
及其增长趋势

一、重庆市

从所辖区域人口来看，重庆无疑是国内管辖人口最多的城市，但不是拥有非农业人口最多的城市。重庆是我国农村劳动力流出的主要地区，2007 年重庆农村劳动力流出规模达到顶峰，约 600 万人①。2007 年之后重庆农村劳动力回流明显，至 2013 年年末，累计回流规模接近 100 万人。重庆的常住人口统计中（见表 4-1），有一部分农村人口虽然已经流出市外，但在统计上依然纳入常住人口口径中，这一现象在全国大多数的人口流出省份中普遍存在。我们估计 2013 年重庆约有 100 万左右农村跨市外出人口列入常住人口统计口径中。

表 4-1　　　　重庆市户籍人口与常住人口（1996~2013 年）

年份	总户数（万户）	户籍人口（万人）	农业人口（万人）	非农业人口（万人）	常住人口（万人）	城镇常住（万人）	农村常住（万人）
1996	888.56	3022.77	2445.65	577.12	2875.30	848.21	2027.09
1997	897.78	3042.92	2448.34	594.58	2873.36	890.74	1982.62
1998	907.17	3059.69	2445.66	614.03	2870.75	935.86	1934.89
1999	922.73	3072.34	2437.18	635.16	2860.37	981.11	1879.26

---

① 周晓津. 重庆市剩余劳动力转移与城乡统筹发展战略［EOL］. 重庆蓝皮书（2009）. http://www.chinavalue.net/Finance/Article/2008-12-21/150525.html.

年份	总户数（万户）	户籍人口（万人）	农业人口（万人）	非农业人口（万人）	常住人口（万人）	城镇常住（万人）	农村常住（万人）
2000	938.87	3091.09	2430.20	660.89	2848.82	1013.88	1834.94
2001	950.56	3097.91	2408.39	689.52	2829.21	1058.12	1771.09
2002	961.69	3113.83	2392.38	721.45	2814.83	1123.12	1691.71
2003	977.01	3130.10	2376.18	753.92	2803.19	1174.55	1628.64
2004	988.59	3144.23	2358.40	785.83	2793.32	1215.42	1577.90
2005	1010.41	3169.16	2351.88	817.28	2798.00	1265.95	1532.05
2006	1030.66	3198.87	2353.44	845.43	2808.00	1311.29	1496.71
2007	1056.97	3235.32	2358.35	876.97	2816.00	1361.35	1454.65
2008	1080.15	3257.05	2349.67	907.38	2839.00	1419.09	1419.91
2009	1110.70	3275.61	2326.92	948.69	2859.00	1474.92	1384.08
2010	1154.83	3303.45	2196.45	1107.00	2884.62	1529.55	1355.07
2011	1205.20	3329.81	2052.17	1277.64	2919.00	1605.96	1313.04
2012	1220.64	3343.44	2026.19	1317.25	2945.00	1678.11	1266.89
2013	1226.11	3358.42	2014.37	1344.05	2970.00	1732.70	1237.30

资料来源：《重庆市统计年鉴（2013）》，其中2013年的数据来自重庆市2013年统计公报。

《2013年重庆市1%人口抽样调查主要数据公报》显示，2013年，重庆市常住人口2970万人（见表4-2），与2012年相比，增加25万人，增长0.8%。常住人口继续保持增长态势。分"五大功能区"看，都市功能核心区常住人口490.07万人，比上年增长1.5%，占全市常住人口的16.5%；都市功能拓展区常住人口318.46万人，比上年增长1.9%，占全市常住人口的10.7%；城市发展新区常住人口1062.04万人，比上年增长1.9%，占全市常住人口的35.8%；渝东北生态涵养发展区常住人口821.20万人，比上年下降0.8%，占全市常住人口的27.6%；渝东南生态保护发展区常住人口278.23万人，比上年下降0.8%，占全市常住人口的9.4%。

表4-2　　　　　　重庆市各区县常住人口及城镇化率（2013年）

地区名称	常住人口（万人）	城镇人口（万人）	城镇化率（%）
重庆市	2970.00	1732.76	58.34
一小时经济圈	1870.57	1293.11	69.13
都市功能核心区	490.07	462.41	94.36
渝中区	65.02	65.02	100.00
大渡口区	32.84	31.79	96.80
江北区	83.01	78.82	94.95
沙坪坝区	110.31	103.58	93.90
九龙坡区	115.94	105.24	90.77
南岸区	82.95	77.96	93.98
都市功能拓展区	318.46	248.03	77.88
北碚区	76.09	59.71	78.47
渝北区	146.52	114.38	78.06
巴南区	95.85	73.94	77.14
城市发展新区	1062.04	582.67	54.86
涪陵区	111.78	67.83	60.68
长寿区	80.28	46.86	58.37
江津区	126.42	76.47	60.49
合川区	132.79	80.52	60.64
永川区	106.80	65.92	61.72
南川区	55.07	28.95	52.57
綦江区	109.15	58.46	53.56

续表

地区名称	常住人口（万人）	城镇人口（万人）	城镇化率（%）
大足区	74.43	36.27	48.73
潼南县	64.87	28.16	43.41
铜梁县	63.61	29.45	46.30
荣昌县	67.64	31.07	45.93
璧山县	69.20	32.71	47.27
渝东北生态涵养发展区	821.20	343.27	41.80
万州区	159.54	95.34	59.76
梁平县	67.06	26.11	38.94
城口县	19.06	5.71	29.96
丰都县	62.03	24.34	39.24
垫江县	68.77	26.78	38.94
忠县	73.14	27.46	37.54
开县	116.19	47.28	40.69
云阳县	90.15	33.16	36.78
奉节县	78.50	28.96	36.89
巫山县	46.98	16.24	34.57
巫溪县	39.78	11.89	29.89
渝东南生态保护发展区	278.23	96.38	34.64
黔江区	45.31	19.84	43.79
武隆县	34.94	13.07	37.41
石柱县	39.91	14.76	36.98
秀山县	49.18	17.05	34.67
酉阳县	56.38	15.99	28.36
彭水县	52.51	15.67	29.84

注：重庆市统计局，重庆市 1% 人口调查办公室（2014 - 1 - 28）。2013 年重庆市 1% 人口抽样调查主要数据公报［EOL］。http：//www.cqtj.gov.cn/html/tjsj/tjgb/14/01/6962.html。

重庆的人口分布可以看作是中国人口区域分布的缩影，与全国人口分布情形一样，重庆主城区、中小城市和城镇、重庆农村三个区域的人口各约占重庆总人口的1/3①。2013年年末，重庆3358万户籍人口中，据估计约600万人口跨省外出，包括500余万劳动力；重庆主城区950万人左右，占重庆常住人口的1/3，其中有劳动力650万左右；设区县市与城镇人口950万左右（劳动力650万左右）；重庆农村地区剩下的总人口不到800万人，农村真正的劳动力不到200万人。从表4-2中的官方数据来看，渝东北生态涵养发展区和渝东南生态保护发展区有1100万人口，而包含在主城区之内的都市功能核心区和都市功能拓展区只有900万人口，比我们估计的少160万左右，主要原因是流动到主城区内的人口依旧体现在生态涵养和生态保护区内，后者常住人口多于实际人口②。

重庆都市功能核心区面积294平方公里，估计人口近600万，人口密度约2万人每平方公里；都市功能拓展区面积5179平方公里，由撤县设区而来，估计人口400万左右，平均人口密度不到800人每平方公里，但靠近都市功能核心区的人口密度还是非常高的；重庆城市发展新区在成渝经济区之内，面积2.32万平方公里，估计人口900万左右；渝东北生态涵养保护区和渝东南生态保护发展区估计人口950万左右，全市实有人口2850万。重庆五大城市功能分区如图4-1所示。

《2013年重庆市1%人口抽样调查主要数据公报》显示，2013年，重庆市外出（跨乡镇、街道）人口1043.13万人，比上年增加23.57万人，其中外出至市外的人口531.98万人，占全部外出人口的51.0%，比上年减少1.96万人；市内外出人口511.15万人，占49.0%，比上年增加25.53万人（见表4-3）。重庆市外来人口143.56万人，比上年增加8.06万人。城市发展新区及渝东北、渝东南区域外出人口基本上仅包括劳动力，实际外出人口更多。

---

① 我国地级市以上城市、中小城市和各类城镇、农村地区三大类别的人口约占全国总人口的1/3。全部城镇实有人口约9亿人，占全国总人口的67%左右。

② 中国中西部以汉族为主的原县级区域内常住人口高估是一种普遍现象，这也许是不少人认为中国农村依旧有庞大的剩余劳动力的原因，实际情况则完全相反，中国农村可用的剩余劳动力基本没有了，大量超过劳动年龄的人口依旧在田间劳作。

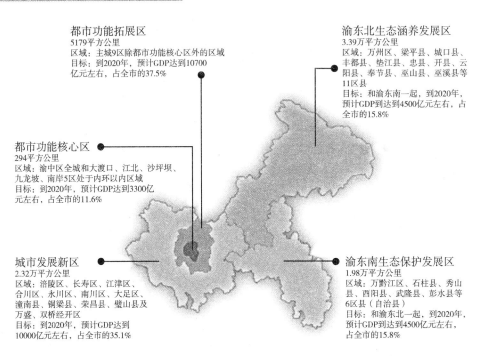

都市功能拓展区
5179平方公里
区域：主城9区除都市功能核心区外的区域
目标：到2020年，预计GDP达到10700
亿元左右，占全市的37.5%

渝东北生态涵养发展区
3.39万平方公里
区域：万州区、梁平县、城口县、
丰都县、垫江县、忠县、开县、云
阳县、奉节县、巫山县、巫溪县等
11区县
目标：和渝东南一起，到2020年，
预计GDP到达到4500亿元左右，占
全市的15.8%

都市功能核心区
294平方公里
区域：渝中区全城和大渡口、江北、沙坪坝、
九龙坡、南岸5区处于内环以内区域
目标：到2020年，预计GDP达到3300亿
元左右，占全市的11.6%

城市发展新区
2.32万平方公里
区域：涪陵区、长寿区、江津区、
合川区、永川区、南川区、大足区、
潼南县、铜梁县、荣昌县、璧山县及
万盛、双桥经开区
目标：到2020年，预计GDP达到
10000亿元左右，占全市的35.1%

渝东南生态保护发展区
1.98万平方公里
区域：万黔江区、石柱县、秀山
县、西阳县、武隆县、彭水县等
6县区（自治县）
目标：和渝东北一起，到2020年，
预计GDP到达到4500亿元左右，
占全市的15.8%

图 4−1 重庆市五大城市功能区示意图

资料来源：凤凰网重庆频道（cq. ifeng. com）。

表 4−3 　　　　　　　　**2013 年重庆市五大功能区外出人口**

功能区名称	外出人口		外出市外人口	
	人数（万人）	比重（%）	人数（万人）	比重（%）
重庆市	1043.13	100.0	531.98	100.0
都市功能核心区	47.15	4.5	2.77	0.5
都市功能拓展区	60.71	5.8	5.69	1.1
城市发展新区	422.05	40.5	175.29	32.9
渝东北生态涵养发展区	388.77	37.3	268.06	50.4
渝东南生态保护发展区	124.45	11.9	80.17	15.1

　　周晓津（2009）[1] 根据四川省 1988～1996 年跨省流出的人口数据，恢复出同期重庆跨省流动劳动力；根据国家农调总队提供的 1997～2000 年报告中的比例数据，推算出 1997～2000 年重庆跨省流动劳动力；根据 2006 年市统计局流向比例，以 597 万为基数，重庆跨省流向如图 4-2 所示。

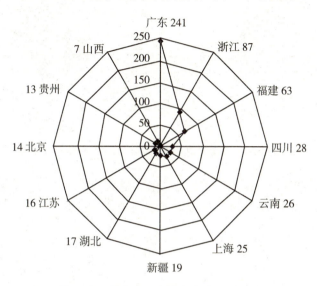

图 4-2　重庆市五大城市功能区示意图

资料来源：凤凰网重庆频道（cq. ifeng. com）。

　　比较 2000 年第五次全国人口普查和 2006 年 1% 人口抽样调查的重庆跨省人口流动可以发现：中国加入 WTO 之后，重庆等中西部地区人口向东部沿海地区的流动趋势明显，而周边省区的吸引力相对较弱（见图 4-3）。

　　近年来，重庆经济发展迅速，劳动力需求旺盛，如何吸引外出劳动力特别是跨省外出劳动力回流成为重庆各级政府关心的头等大事。由于受教育、医疗和社会保障的制约，外省对重庆劳动力的吸引力持续减弱。根据百度 2015 年春运人口迁徙大数据推断，2014 年年末重庆流出人口中，广东依然是重庆人口的主要流向目的地，但较 2006 年减少约 83 万人；四川超越浙江成为重庆第二大人口流向地；浙江退居第 3 位，由浙江回流的重庆人口接近 23 万人。自 2006 年以来，重庆外出人口流向多元化明显，由早期的流向珠三角地区为主转变为向长三角以及福建地区流动，但总量大致保持在 600 万左右的规模不

---

① 周晓津. 重庆市剩余劳动力转移与城乡统筹发展战略. 重庆蓝皮书（2009），2009.

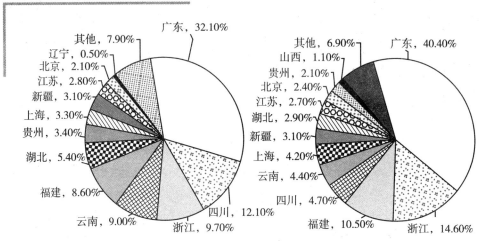

图 4-3　重庆地区跨省流动人口流向及比例（2000 年 VS. 2006 年）

变。由于中西部经济的发展，重庆周边省份也成为其人口的主要流向地。重庆
外流人口在其他主要省份的占比及规模如图 4-4 所示。

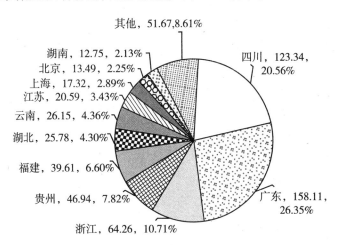

图 4-4　重庆外出人口的流向省份构成（百度 2015 年春运人口迁徙大数据）

　　2013 年，在重庆市常住人口中，0~14 岁人口占 16.40%，与 2012 年相
比，比重下降 0.27 个百分点；15~64 岁人口占 71.72%，比重下降 0.03 个百
分点；65 岁及以上人口占 11.88%，比重上升 0.30 个百分点。若外出人口回
流加快，重庆老龄化相对北上广而言要轻缓一些。相对京沪穗深等城市而言，
重庆城市人口规模控制压力和动力的必要性很低，但新城建设同样面临吸引人
口进驻的问题。

二、成都市

从官方的数据来看，1990 年成都主城区的常住人口约 220 万（第四次人口普查）；至 2000 年第五次人口普查增长到 347 万人；到 2010 年第六次人口普查时则飙升至 529 万人。第六次人口普查结果显示，截至 2010 年 11 月 1 日零时，成都市常住人口 1404.76 万人，在全国特大城市中居重庆、上海、北京之后位列第 4 位。10 年内成都市净增长人口 135.72 万人，其中迁移增长达 120.59 万人。根据四川"六普"数据推算，2010 年成都吸纳了 400 万省内人口，加上成都自有的 1150 万人口，可以推算此时成都总人口规模已经超过 1550 万。由于成都亦有本地居民流出，但同时也忽略了外省人口流入，因此估计相对保守。

从婴儿出生率来推算，成都外来流入的人口约为上海的 60%。来自《上海公共卫生白皮书》数据表明，2013 年上海出生婴儿 21.17 万人（其中非户籍出生人口达 10.84 万人），较 2012 年的 22.61 万人，减少 1.44 万人。同期上海有 1100 万左右外来人口，相当于每 100 万非沪户籍的外来人口每年生育 1 万婴儿。来自成都计生委的数据显示，2013 年有超过 5 万名的非户籍婴儿出生，流动人口成为成都生育的主力军。值得注意的是，2013 年上海婴儿出生较 2012 年下降了 6.369%，这同样可能是外来劳动力人口流失的信号。与东莞、深圳、广州、温州等外来人口大城市相类似，从来都觉得人满为患的上海和北京同样面临以农民工为主体的外来劳动力流失的压力。

从改革开放到 20 世纪 90 年代初期，成都市流动人口规模为 50 万人左右。从成都的卫星影像变动情况来看（见图 4 - 5），2002 年成都主城区人口约为 1990 年的 2 倍，规模 500 万人左右。1992～2002 年，成都外来人口由 50 万人的规模增加到 280 万人左右，年均增加 20 万人。而从最新的 GOOGLE 卫星图像来分析，2013 年成都主城区人口 960 万左右[1]，超过重庆主城区人口 11 年间增加了 460 万人，年均增加 41.8 万人。进入 21 世纪之后，中国西部大开发战略使成都、重庆和西安等城市人口迅速增加国，无论从绝对人口增量还是相对人口增速，其年均人口规模增长都快于东部地区的特大城市。

---

[1]　成都环城高速以内的区域为主城区。成都第六次人口普查结果表明，成都核心区人口从 20 年前（1990 年）的约 220 万暴增至 529 万，近郊（第二圈层，环城高速）人口也从 2000 年的 316 万增加到 2010 年的 429 万，但第三圈层（环城高速以外区域）在最近 10 年反而少了 2 万人。

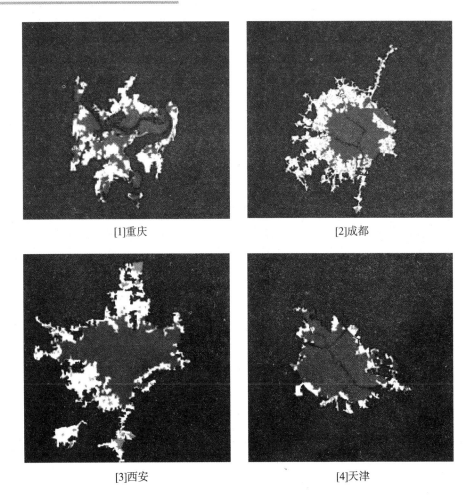

[1]重庆   [2]成都

[3]西安   [4]天津

图 4 - 5　城市扩展卫星影像图（1990 年 VS. 2002 年）

资料来源：杭州网论坛（http：//bbs. hangzhou. com. cn/）。

　　来自成都市粮食局的数据显示，2012 年成都全市粮食储量将达到 41 万吨，可满足全市居民 3 个月基本口粮消费①。按日人均 250 克的粮食消费标准估计，成都市总人口规模达到 1822 万。成都市粮食消费量整体呈逐年上升趋势，2011 年达到 565 万吨，产需缺口达 300 万吨，对外依存度达 50%以上②。成都市粮食消费量的增长与成都人口增长的趋势基本一致。

---

① 资料来源：天府早报（2012 - 8 - 30），http：//news. 10jqka. com. cn/20120830/c529187922. shtml.

② 陈汲. 成都区域粮食安全研究［J］. 粮食问题研究，2012（6）.

　　成都全市面积12121平方公里，东西长192公里，南北宽166公里，平原面积占40.1%，丘陵面积占27.6%，山区面积占32.3%。成都主城区包括锦江区、青羊区、金牛区、武侯区和成华区，五区面积465平方公里，2012年末户籍人口344.5万人（见表4-4）。五区作为成都的城市功能核心区，实有人口估计在1000万左右。龙泉驿区、青白江区、新都区、温江区等四区构成成都的城市功能发展新区，面积1707平方公里，户籍人口200余万，实有人口300万左右；其余六县四市人口600余万，成为成都生态涵养发展区（见图4-6）。

表4-4　成都各区（市）县土地面积、户籍总户数和总人口数（2012年）

行政区域	土地面积（平方公里）	耕地面积（公顷）	年末总户数（户）	年末总人口（人）	平均每户人口（人）	人口密度（人/平方公里）
全市	12121	424102	4468501	11733486	2.63	964
锦江区	61	1045	168865	453888	2.69	7315
青羊区	66	550	206153	601079	2.92	8993
金牛区	108	1031	281730	731788	2.60	6734
武侯区	122	553	366719	983149	2.68	7961
成华区	108	1568	260630	674978	2.59	6183
龙泉驿区	556	8385	225449	603768	2.68	1081
青白江区	379	19126	173566	413441	2.38	1091
新都区	496	26295	273031	696487	2.55	1398
温江区	276	13903	150051	383260	2.55	1378
金堂县	1156	57065	336134	890355	2.65	770
双流县	1068	44438	346359	959991	2.77	891
郫县	437	20666	190251	518680	2.73	1181
大邑县	1284	29622	201035	511975	2.55	401
蒲江县	580	23917	117394	263527	2.24	455
新津县	329	15889	139969	308025	2.20	937
都江堰市	1208	26746	242283	613788	2.53	507
彭州市	1421	50124	300064	803455	2.68	566
邛崃市	1377	44402	232748	656065	2.82	478
崇州市	1089	38779	256070	665787	2.60	614

　　资料来源：《成都市统计年鉴（2013）》。武侯区含高新区土地、户籍人口数据；耕地面积为2011年数据。

2013 年年末，成都市移动电话用户 2274.8 万户，年内净增 87.6 万户。从移动电话用户数量推算，成都总人口已经超过 1800 万，但从移动用户新增数量来看，成都人口增长自 2009 年以来逐步放缓。由于成都地处成都平原核心地带，平原面积达 4860 平方公里，以每平方公里容纳 3000 人计算，成都仅平原地区就可容纳接近 1500 万人口。其次，成都丘陵面积 3345.4 平方公里，若丘陵地区每平方公里容纳 1500 人，成都丘陵地区还可容纳 500 万人口。作为特大城市，成都尚有一定的人口容纳空间①。

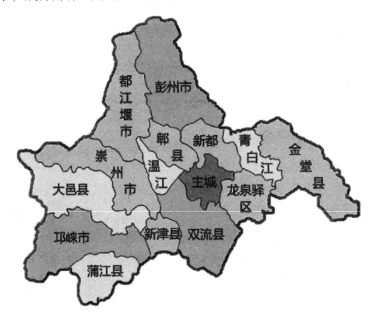

图 4 - 6　成都行政区划示意图

资料来源：川味坊四川美食网（2011 - 7 - 27）- "食游成都总攻略"，http：//www. cwroom. com/shiyou/gonglue/cwroom_ shiyou_ 13117561064731. html。

2014 年 10 月 14 日，国务院批复同意设立四川天府新区。《四川省成都天府新区总体规划（2010～2030 年）》显示，天府新区位于成都市主城区南偏东方向，范围涉及成都市的高新区南区、龙泉驿区、双流县、新津县，眉山市的彭山县、仁寿县，资阳市的简阳市，共 3 市、7 县（市、区）、37 个乡（镇），

_____

① 成都三环全长 51 公里，理论计划的圆面积为 207 平方公里，实际面积 200 平方公里左右。2010 年成都市第六次人口普查时，三环以内常住人口 529 万人，人口密度高达 26450 人每平方公里，实有人口密度在 3 万人每平方公里左右。

规划面积 1578 平方千米（见图 4 - 7）。到 2030 年天府新区城镇人口控制在580 万~630 万人，建设用地约 650 平方千米。天府新区现在区域内实有人口在 200 万左右，距 2030 年 600 万的控制目标相差 400 万，以成都目前年均增加 10 万人的常住人口推算，即使全部新增常住人口都来自新区，也还有 250万人没有着落，以此看来天府新区的城镇人口控制目标完全没有必要。不难想象，在成都其他地区同样需要保持增长的前提下，天府新区人口的增长动力主要来源于四川本省，而四川本省跨省流出人口也只有 1200 万左右，即使外出人口全部回流，也只能为成都提供不超过 400 万的人口增量。因此，在成都现有 1800 万左右的人口规模下，未来成都人口增长的空间和潜力也十分有限，很难超越 2200 万的人口极限，全面放开"二胎"势在必行。

图 4 - 7　天府新区规划范围

资料来源：四川在线 http：//www. scdaily. cn（2011 - 12 - 26）。

天府新区的设立将对中国特大城市的格局产生重要影响。四川拥有 9000 万户籍人口，其中汉族人口 8500 万人，外出比例占汉族人口的 30%。2010 年"六普"时四川省共登记外来半年以上人口 1173.52 万人。其中，省内 1060.66 万人，省外 112.86 万人。外出半年以上人口 2091.37 万人。其中，省内 1040.82 万人，省外 1050.55 万人。而来自四川省流动人口计划生育管理中心的数据显示，2011 年四川全省流动人口 1609 万，跨省流出 1200 万。周晓津（2011）的研究表明，官方数据通常是流出劳动力而非流动人口数量。2009 年以来，中西部省区外出劳动力大量回流，成都市人口计生委报表显示，2012 年 1~6 月，成都全市流入人口 755948 人，同比增加 188783 人，增幅为 33.28%。我们估计，成都实际吸纳四川全省 2550 万外出人口的 30%，在外出人口回流加速的情况下，天府新区的设立将加快人口回流和聚集成都的进程，成都总人口将超过 2000 万人的规模，与北上广看齐，从而形成北上广成四大城市格局，成都在人口和经济总量方面最有可能超越广州①。

三、西安市

从西安城市卫星扩展影像图来看（见图 4-5），在 2002 年以前，西安的城市扩展在三个西部大城市中最慢的，累计扩展不到 20%。这与第四次、第五次两次人口普查的结果基本一致：西安在 2000 年的第五次人口普查中常住人口比 1990 年第四次人口普查常住人口仅增加 123.19 万人，十年累计增长 19.9%，年均人口仅增加 10.92 万人。算上流动人口在内，2002 年西安总人口估计在 800 万左右。

2010 年第六次人口普查时，西安常住人口比 2000 年的 741.1 万人增加了 105.6 万人，年均增长甚至小于 20 世纪 90 年代，这与西安人口的实际增长有很大的差距。从西安手机用户总数来分析，2010 年的西安总人口应该已经突破了 1300 万人，比 2000 年增加 500 万人，年均增长 50 万左右；而到 2013 年年末，西安总人口突破 1500 万，平均增速与成都和重庆大致相当。

进入 21 世纪之后，西安的人口进入快速增长通道，其背后的主要因素则

---

① 从上海浦东新区到天津滨海新区，再到重庆两江新区、浙江舟山群岛新区、甘肃兰州新区、广州南沙新区、陕西西咸新区、贵州贵安新区、青岛西海岸新区、大连金普新区，加上四川天府新区，全国国家级新区已经达到 11 个。

是固定资产投资驱动。如图4-8所示，我们根据城市生活垃圾清运量和2007年以来西安的移动用户总数对2002～2013年的西安人口规模进行了估计。2005年、2006年投资增速下降，随后2007年总人口下降；2011年有所回落，同期西安总人口规模增长放缓①。由此可见，投资增速是人口增加的重要原因。

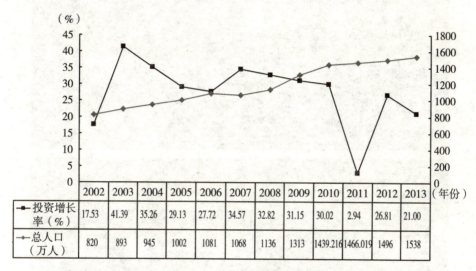

	2002	2003	2004	2005	2006	2007	2008	2009	2010	2011	2012	2013
投资增长率（%）	17.53	41.39	35.26	29.13	27.72	34.57	32.82	31.15	30.02	2.94	26.81	21.00
总人口（万人）	820	893	945	1002	1081	1068	1136	1313	1439.216	1466.019	1496	1538

图4-8 西安人口规模估计与固定资产投资增长率（2002～2013年）

此外，我们根据西安城区的生活垃圾清运量和城市居民生活用水量估计了2009年的城区人口分别为980.82万人和987.36万人，两者非常接近。从百度地图的卫星图像看，西安和成都的环城高速以内区域面积差不多②，成都环城高速以外区域的建成区面积要多于西安（见图4-9）。与此相对应，成都人口也同样多于西安。由于西安和咸阳两大城区距离较近，西咸一体化形成的城市群后人口规模将比成都要大。

---

① 在进行人口估计时，2007年以前的估计数据仅依据每年的城市生活垃圾清运量，2007年之后主要依靠移动用户数量进行估计，但并没有根据固定资产投资情况进行相应的调整，而估计结果却与投资增速放缓不谋而合，从一个侧面表明估计是比较有效的。

② 成都环城高速全长85公里，西安环城高速全长80公里，成都环城高速以内面积约比西安多50平方公里左右。

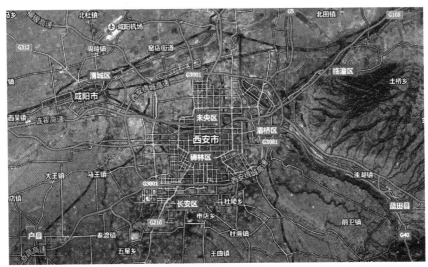

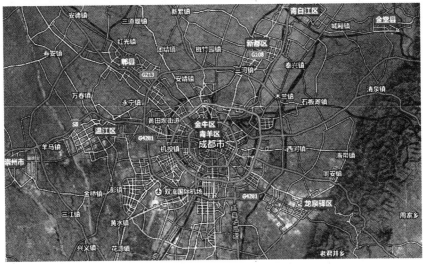

图4-9 西安与成都卫星图像比较（取图于2015年3月的百度地图）

四、天津市

与西安相比，天津在20世纪90年代的城市扩展速度更慢，其人口增长的表现也是如此。2000年11月1日零时，天津第五次人口普查时人口总数为1000.88万人，与1990年7月1日第四次人口普查时的878.54万人相比，十年零四个月增加 122.34 万人，增长 13.93%；平均每年增加 11.84 万人，年平均增长率为 1.27%。2010 年第六次人口普查时，天津市常住人口为 12938224 人，同第五次全国人口普查相比，十年共增加 2929156 人，增长 29.27%。年平均增长率为 2.60%。

与其他特大城市相同，外来人口流入导致城市人口机械性增长，而本地户籍新生人口增长缓慢。2010 年"六普"时，天津登记的流动人口是 290 万，但据天津市流动人口管理办公室估计，天津市的流动人口实际数量应该有 380 余万①。2010 年"六普"长表数据显示（见图 4－10），河北是天津外来人口的主要来源地，约占 1/4；山东、河南居第 2 位、第 3 位；远在东三省的黑龙江也占有 7.74% 的份额，按 380 万流动人口推算有 29.4 万人。

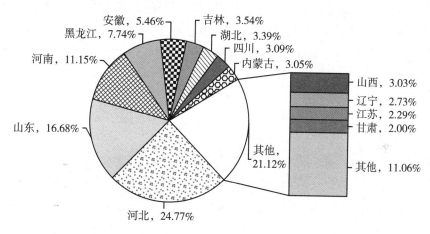

图 4－10　天津外来人口省份来源构成（2010 年"六普"长表数据）

与国内其他特大城市所不同的是，天津的人口普查数据比我们的谨慎估计数据要大，与估计的最大值非常接近。因此天津的官方人口数据与北京、上海两市一样可信度较高。2013 年年末，天津市常住人口 1472.21 万人；其中，外来人口 440.91 万人，增加 47.95 万人，占常住人口增量的 81.2%。2013 年年末，天津市户籍人口 1003.97 万人，其中，农业人口 371.74 万人，非农业人口 632.23 万人。按官方口径，2010 年以来，天津常住人口增加了 150 万，年均人口增量达到 50 万左右。但如果按

---

① 资料来源：中国网滨海高新，天津市 380 万流动人口年内将领"居住证"（2011－4－22），http://news.cntv.cn/20110422/112455.shtml。

2010 年实有的 380 万人口计算，2010 年以来天津实有人口仅增加 60 余万人，年均增长只有 20 余万。

按同一口径进行估计，我们发现天津实有人口甚至少于官方数据，这虽然与我们的估计谨慎有关，但还有一种可能是天津官方高估了外来人口数量。从北京的情况来看，其 1200 万外来人口中有 600 万在 2000 年之前就已经存在，天津与北京处于同一地理位置，因此 2000 年以来人口累计增长量估计在 250 万以内，年均增量只有 17 万余人，天津对外来人口的吸纳能力排在国内特大城市较为靠后位置，仅高于东北传统的特大城市沈阳和哈尔滨。根据百度 2015 年春运人口迁徙大数据推断，2014 年年末天津的外来人口中，河北约占 1/3 居第 1 位；山东和北京则超越河南居第 2 位和第 3 位。河南占比较 "六普" 时下降 2.42 个百分点，可能的原因：其一是 "六普" 时河南人进厂较多，调查时遗漏少，而河北人自由职业多；其二是河南的发展吸引外出人口回流。其他省份流入的人口数量及比例，如图 4－11 所示。

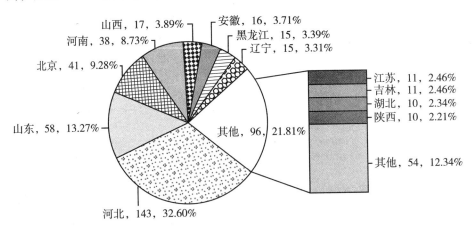

图 4－11　天津外来人口省份来源构成（百度 2015 年春运人口迁徙大数据）

五、东莞市

东莞的人口增长曲线与深圳基本一致。从官方人口数据来看，2000～2006 年期间东莞的常住人口变动甚微，七年间累计增加量仅 40.8 万人，年均增量不到 7 万人。从官方人口增长趋势看，2000 年以来常住人口增加的趋势似乎是非常明显的，也完全不存在人口减少的情况。但实际上，2000 年以来东莞的人口变动在我们所研究的特大城市中是波动最大的。

由于官方数据对在工厂以外就业的外来人口缺少相应统计资料，要准确估计东莞的总人口相当困难。然而，东莞移动通信部门的年末活跃用户数据为我们的人口估计提供了可能。特别地，由于农民工东莞外来人口中占据了绝大多数，为节省开支，农民工通常使用移动通信部门提供了移动充值卡业务，充值卡数量的变动在一定时期基本上能够反映农民工数量的变动情况。2007 年，外出农民工群体手机拥有量基本接近饱和（100%）。

2007 年，东莞实有总人口达到历史高峰，人口规模估计为 1600 万人，高于西安和天津，仅次于上海、北京、广州、深圳、重庆和成都等特大城市，位列全国第七位。但到了 2013 年年末，东莞人口规模估计回落到 1300 万，与 2007 年相比人口净减少 250 万人以上，外来人口的净流失略高于深圳，表明东莞的转型较深圳更为困难。

在实有人口规模方面，东莞无疑是中国特大城市之一，但东莞主城区人口只有 300 万左右，达不到 500 万以上人口规模标准。东莞人口增长的非主城区聚集，为我们讨论我国特大城市人口规模控制提供了很好的案例。由于东莞赋予了各镇在土地使用方面的县级管理权限，因而在经济和人口的发展过程中，人口并没有集中于中心城区及其周边，而是在各镇广泛分布。与广州、深圳一样，东莞市区及各镇也都存在较为严重的城中村现象。

由于农民工收入较低，移动充值卡成为东莞外来人口的主要通讯工具，很少有农民工拥有多个充值卡。由于充值卡在农民工过年返乡的时候可以停用，因此，利用充值卡数量可以比较准确地估计东莞外来劳动力人口的数量。从图 4 - 12 中可以看出，2009 年，东莞充值卡用户总数比 2008 年减少了 91.76 万户。造成这一现象的主要原因是受金融危机使得大量工厂停工，农民工返乡之后停用充值卡。意味着 2009 年东莞至少有 90 余万农民工返乡。2010 年，东莞充值卡用户又迅速恢复，但由于此时农民工群体人均手机拥有量进一步提高，表明其所对应的人口并没有恢复到 2007 年末的高位。我们估计，2009 年东莞外来人口比 2008 年减少了 163 万，全球金融危机对以出口加工为主的城市产生的人口冲击力相当之大。

如果仅看东莞官方数据（东莞统计年鉴 2011 年），或许无法解释东莞经济增长的奇迹。从官方的人口数据来看，20 世纪 90 年代是东莞人口增长高峰期，总人口从 1990 年的 176 万增加到 2000 年的 645 万，累计增加 469 万，年均增长 46.9 万人；2000 年至 2005 年外来暂住人口增加 330 万，常住人口却只增加 41 万（见图 4 - 13）。

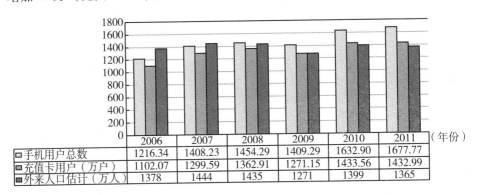

	2006	2007	2008	2009	2010	2011	（年份）
手机用户总数	1216.34	1408.23	1454.29	1409.29	1632.90	1677.77	
充值卡用户（万户）	1102.07	1299.59	1362.91	1271.15	1433.56	1432.99	
外来人口估计（万人）	1378	1444	1435	1271	1399	1365	

图 4 - 12　东莞移动充值用户总数与外来人口估计[①]（2006 ~ 2011 年）

事实上，纳入常住人口统计范围的新莞人仅是东莞外来劳动力人口，且只计算规模以上企业的劳动力，中小型企业或自主就业人口根本没有纳入统计之内。例如，2010 年吸纳大量人口就业的东莞服务业就业人数仅占新莞人劳动力的 5.77%，人数比从事性服务业还少，存在非常明显的低估（见表 4 - 5）。在需要暂住证的年代，每办理一张暂住证需要交纳 40 元甚至 100 元以上的费用，少报暂住人口，证件收费即可私分。这种现象在珠三角随处可见，1998年本课题负责人在深圳布吉南岭村精电公司打工时，就曾花 40 元办理了一张深圳的暂住证，其时本人户口已经在大学毕业后迁移到中山，在广东省境内也需要办理暂住证，其他跨省农民工实际办证率应该在 80% 以上，而纳入官方公开统计则只有 1/3 左右。2006 年东莞实有人口在 1600 万以上，但官方常住人口只有 686 万，数以几百万计的办证人口并没有纳入公开统计数据，其中数以亿元计的办证费用也许无人可全知。

---

① 原始数据来源于东莞经济与社会发展统计公报（2006 ~ 2011 年）。

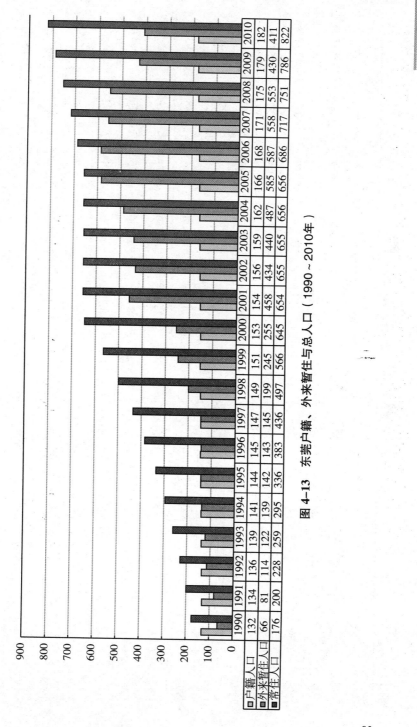

	1990	1991	1992	1993	1994	1995	1996	1997	1998	1999	2000	2001	2002	2003	2004	2005	2006	2007	2008	2009	2010
户籍人口	132	134	136	139	141	144	145	147	149	151	153	154	156	159	162	166	168	171	175	179	182
外来暂住人口	66	81	114	122	139	142	143	145	199	245	255	458	434	440	487	585	587	558	553	430	411
常住人口	176	200	228	259	295	336	383	436	497	566	645	654	655	655	656	656	686	717	751	786	822

图 4-13　东莞户籍、外来暂住与总人口（1990～2010年）

表4—5　东莞市历年新莞人与劳动力统计（1990～2010 年）

年份	新莞人总计					新莞人劳动力				
	总计	按性别分		按省内省外分		总计	工业	农业	商业	服务业
		男性	女性	本省	外省					
1990	655902			333180	322722	572044	518971	25576	10793	16704
1991	805790			360379	445411	701982	633400	25838	17945	24799
1992	1144753	440500	704253	494278	650475	1071048	874149	62324	88087	46488
1993	1217010	529096	687914	370770	846240	1126813	933147	40177	88524	64965
1994	1390884	547435	843449	380790	1010094	1241814	1069478	52146	39869	80321
1995	1421754	581304	840450	371816	1023510	1265368	1084860	54714	52965	72829
1996	1433157	606524	826633	305821	1106749	1276626	1084330	64732	61092	66472
1997	1446830	554193	892637	298510	1130981	1307279	1114235	57214	67242	68588
1998	1991122	850266	1140856	402267	1569963	1831939	1577922	68143	100041	85833
1999	2448134	1084492	1363642	504722	1921206	2161487	1609539	113324	282938	155686
2000	2547221	1155277	1391944	485889	2041959	2448415	2043270	88195	187015	129935
2001	4578163	2138218	2439945	731931	3826830	4496771	3681099	174936	283277	357459

续表

年份	新莞人总计						新莞人劳动力			
	总计	按性别分		按省内省外分		总计	工业	农业	商业	服务业
		男性	女性	本省	外省					
2002	4336453	1973316	2363137	722894	3593034	4260142	3573355	127584	300642	258561
2003	4404467	2198324	2206143	665549	3720408	4327312	3753904	85109	278632	209667
2004	4869462	2347115	2522347	747804	4096599	4733903	4078400	98272	315021	242210
2005	5849785	2746833	3102952	1036417	4747692	5534248	4676454	107933	420810	329051
2006	5867555	2775718	3091837	1012637	4807064	5669798	4820388	124942	412180	312288
2007	5577988	2666292	2911696	986062	4551507	5389490	4480800	102519	460114	346057
2008	5525022	2657712	2867310	1012341	4468505	5303008	4227211	97597	560345	417855
2009	4299615	2093055	2206560	889160	3367565	4134581	3361306	74982	430183	268110
2010	4114745	2010869	2103876	791665	3275768	3912274	3191436	92451	402786	225601

资料来源：东莞市统计局，东莞统计年鉴（2011）。

在国内所有可以称得上特大城市中,东莞是唯一一个不存在明显的人口控制压力的城市,其根源在于东莞人口的镇域分布,而其主城区人口占比相对较低。东莞人口分布主要集中"三大轴线":一是集中于莞城、虎门、厚街、东城、万江、中堂等 107 国道沿线;二是沿广深铁路聚集分布石龙、茶山、横沥、常平、木头、塘厦、清溪、凤岗等镇;东莞人口的第三条分布轴线是常平、大朗、虎门的"常虎沿线"(见图 4–14)。由于镇区的强大实力,东莞市区经济实力与人口总量占全市比重甚至低于 30%,而国内其他特大城市城区占比基本上在 60% 以上,甚至超过 80%。东莞镇区自成体系的发展,使人口在整个城市相对均衡分布,从而破解了特大城市人口过多的问题。

图 4–14　东莞卫星影响地图(百度截图于 2015 年 3 月)

在外来人口大量流失的同时,东莞开始了艰难的城市转型升级。2007 年 1 月,东莞首次提出"加快推进经济社会双转型,构建和谐幸福新东莞"的城市未来发展的核心战略,重点促进观念转型、产业转型、人的转型和体制转型,而重心则落在了促进产业全面转型升级上。在官方的报道中,东莞正进行着类似当年美国西部大开发和平的、牧歌式的城市转型升级之路,实际更多的是企业裁员和工人抗争的痛苦。本地户籍经营管理人才的缺乏是东莞转型之痛的主因,2007 年以来劳动力人口流失 300 万以上,大量厂房空置,本地人出租收入锐减。

六、其他特大城市

1. 佛山市

人们通常认为佛山是广东省第三人口大市，然而事实并非如此。20 世纪 80 年代，佛山拥有"广东四小虎"中的南海、顺德，加上佛山两倍于东莞的户籍人口，其总人口规模远大于东莞。90 年代，东莞在以外资为主的出口加工产业的带动下，其经济和人口迅速增长，总人口规模在 90 年代中期就已经超过佛山。同期佛山则主要依靠本土民企的推动，人口和经济增速较东莞为慢。

与东莞相类似，佛山人口在 2007 年前后达到顶峰，人口规模为 1100 万。其中，顺德和南海两区各 400 万左右，禅城区 200 万，高明和三水两区 100 万。佛山在金融危机的冲击下，其人口规模约减少了 50 万，受冲击程度较东莞为轻，主要原因是佛山对外资的依赖要弱于东莞。2013 年年末，佛山总人口规模 1000 万左右，较 2007 年人口高峰减少 100 万。

2. 杭州市

1990 年第四次人口普查时，杭州人口主要集中在江北五个中心城区，总人口 150 万左右。到 2000 年第五次人口普查时，杭州城区已有相当大的扩展，除原有五个城区外，高新区、萧山区和余杭区人口也迅速增加。从杭州城市卫星影像区域来看，十年间杭州中心城区约增加 4 倍，城区总人口增加到 600 万人左右，比官方数据多 150 万人，年均增加 40 万人。2010 年，杭州市区官方人口增加到 624 万，年均增加仅 18 万人。而根据张强、周晓津（2014）的估计，2010 年杭州市辖区人口 924 万，年均增加超过 30 万人。

从官方的统计公报数据来看，2010 年以来，杭州常住人口累计增加不到 15 万人。但实际情况是，杭州总人口在 2010 年达到顶峰，到 2013 年杭州累计减少 74 万人，其中大部分为农民工（见图 4 - 15）。与深圳、东莞和佛山等城市不同的是，金融危机通常会对就业产生极大的冲击，但这一冲击在杭州的总人口变动上很难反映出来，其可能的原因是：其一，广东以欧美等发达国家为市场的外资应对外部冲击反应较快，而浙江本土民营资本则在新兴市场占据较大份额；其二，金融危机之后中国政府启动了"四万亿"，浙江厂商比广东厂商获得更多的贷款，从而延缓了金融危机的冲击。例如，2009 年杭州贷款余额同比增长 30.3%，而同期广州贷款余额同比增长仅 23.2%。江浙厂商更多地获得贷款虽然在一定程度上延缓了金融危机的冲击，但其近年来企业违约行为的高发则对地区经济的发展造成长期的负面影响。

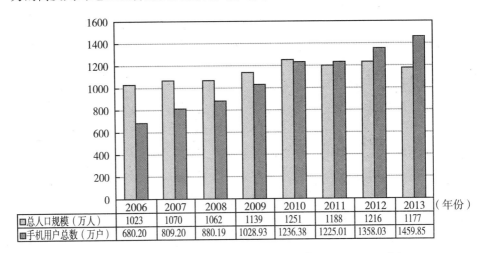

图 4-15　杭州手机用户总数与外来人口估计（2006～2011 年）

注：原始数据来源于杭州经济与社会发展统计公报（2006～2011 年）。

3. 南京市

改革开放之初，南京拥有超过 150 万的非农业人口，是城市人口规模居全国前十的特大城市。20 世纪 80 年代，苏南地区的苏州、无锡、常州等城市迅速崛起，南京人口和经济增长相对缓慢，至 1990 年时南京非农业人口增长到 236 万人，比 1978 年增加了 80 万。1990 年南京户籍人口 501.8 万人，算上流动人口在内，南京总人口规模 550 万左右。

2000 年第五次人口普查时，南京总人口为 623.8 万人（包括根据国家公布的漏登率计算的漏登人口），同 1990 年第四次全国人口普查相比，十年零四个月共增加了 107 万人，同样慢于苏南地区城市。从城市卫星影像图来看，2002 年南京城区人口 400 万左右，意味着 20 世纪 90 年代南京城市实有人口年均增加 20 万左右。2010 年第六次人口普查时，南京常住人口为 8004680 人，同第五次全国人口普查 2000 年 11 月 1 日零时的 6238486 人相比，10 年共增加

1766194 人，年均增加 17.6 万人，年平均增长率为 2.52%。据估计，2000 年以来南京实有人口累计增加 200 万人，年均增长 20 万人。2010 年以来，与大多数沿海城市一样，南京总人口增加缓慢，年均增加 9 万人左右，不到1990~2010 年的一半（见表 4-6）。

表 4-6　　　　　南京总人口规模及外来人口估计（2006~2013 年）

年份	总人口规模估计 （万人）	手机用户总数 （万户）	户籍人口 （万人）	外来人口估计 （万人）
2006	707	488.00	607.23	100
2007	749	577.90	617.17	132
2008	764	631.01	624.46	140
2009	806	801.06	629.77	176
2010	840	931.34	632.42	207
2011	840	1002.10	636.36	204
2012	860	1153.10	638.48	221
2013	867	1206.70	641	226

4. 苏州市

从人口普查的情况来看，苏州与国内大多数城市一样，在第三次和第四次人口普查中主要针对户籍人口，外来人口基本上没有纳入普查范围。2000 年第五次人口普查时，苏州仅录得 100 万左右的外来常住人口，到 2010 年第六次人口普查时，苏州总人口达到 1176 万，而常住人口则增加到 1046 万（见表 4-7）。

表 4-7　　　　　苏州历次人口普查基本情况

指　标	1982 年 "三普"	1990 年 "四普"	2000 年 "五普"	2010 年 "六普"
总人口（万人）	527.53	564.36	679.22	1045.99
家庭户规模（人/户）	3.50	3.51	3.15	2.84
0~14 岁	126.08	105.07	97.88	96.31

指　标	1982 年"三普"	1990 年"四普"	2000 年"五普"	2010 年"六普"
15 ~ 64 岁	367.23	413.75	516.25	860.77
65 岁及以上	34.22	45.54	65.09	88.91
劳动适龄人口（万人）	326.88	370.77	469.16	779.41
男（16 ~ 59 岁）	172.01	194.75	241.46	414.93
女（16 ~ 54 岁）	154.87	176.02	227.70	364.48
城镇人口	108.24	146.01	387.73	732.95
乡村人口	419.29	418.35	291.49	313.04

　　从官方普查结果看，20 世纪 90 年代，苏州 10 年常住总人口累计增加 115 万人，年均增加 11.5 万人；进入 21 世纪，苏州 10 年间常住总人口累计增加 高达 367 万，年均增加是前 10 年的 3 倍之多。而真实的情况则是：20 世纪 80 年代，苏州本地私营经济快速发展，除吸收大量本地农民转移到非农就业外， 还吸收了 150 万左右的周边省市到苏州就业；20 世纪 90 年代，苏州的本土私 营企业处于转型升级之中而外资企业快速发展，其累计新增人口的规模和速度 与 80 年代相当，至 2000 年，苏州约有 300 万外来人口，10 年间年均增加 15 万人口；21 世纪的头 10 年，苏州累计增加 270 万人口，其中 200 万来自苏州 以外地区，总人口年均增加 27 万，快于前 20 年平均增速。

　　2000 ~ 2005 年，苏州总人口增速相对缓慢；2006 ~ 2011 年，苏州实有人 口累计增加 270 万，年均增加 54 万人；2012 年苏州总人口规模减少，2013 年 年末苏州人口恢复到 2011 年的高位（见图 4 - 16）。在此期间的苏州外来人口 当中，很多来自广东地区，而在同一时期的广东珠三角城市外来人口则大 量流失。

5. 济南市

　　在总人口规模方面，济南在全国排名比较靠后，2013 年估计总人口 900 多万，外来人口 300 万左右，但济南人口主要集中在天桥区、市中区、历城 区、历下区四区。2012 年济南建成区面积 363 平方公里，估计人口 540 万左 右，建成区以外区域估计人口 360 万左右。市辖区中属于主城区的人口 500 万

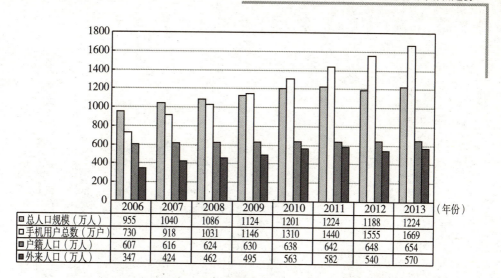

	2006	2007	2008	2009	2010	2011	2012	2013	（年份）
■ 总人口规模（万人）	955	1040	1086	1124	1201	1224	1188	1224	
□ 手机用户总数（万户）	730	918	1031	1146	1310	1440	1555	1669	
▨ 户籍人口（万人）	607	616	624	630	638	642	648	654	
■ 外来人口（万人）	347	424	462	495	563	582	540	570	

图 4 – 16 苏州手机用户总数与外来人口估计① （2006 ~ 2011 年）

注：原始数据来源于苏州经济与社会发展统计公报（2006 ~ 2011 年）。

左右，刚刚接近特大城市人口标准，市辖区内非建成区域的人口 100 万左右。
2012 年济南市辖区户籍人口 352 万人，市辖县及县级市户籍人口 255 万人，表
明济南市辖区以外区域人口基本持平，流入和流出市辖县及县级市的人口基本
平衡。2010 ~ 2012 年济南全市移动用户数分别为 857.6 万户、931.1 万户、
978 万户，这种增长更多地来自手机向低龄人口普及及高校在校生的增长所导
致，表明自 2010 年以来济南人口增长缓慢。2012 年，济南高校在校生人数
50.47 万人，以每年吸纳一半的高校毕业生计算，济南每年需吸纳高校毕业生
6 万人左右。

济南市域面积 8177 平方公里，约占山东全省 15.71 万平方公里的 5.2%，
2012 年全市估计人口 918 万人，占山东全省 9685 万常住人口的 9.48%，低于
其他特大城市占其所在省份常住人口的比例。构成主城区的历下区、市中区、
槐荫区、天桥区面积为 781 平方公里（见图 4 – 17），以每平方公里 1 万人计
算可承载近 800 万人口。

由于济南地处山东半岛内陆，而山东人口沿海聚集的趋势比较明显。因
此，虽然济南作为特大城市，但其人口控制的必要性和紧迫性远不及国内其他
特大城市。另外，由于济南市区人口密度较低，开建城市地铁和城市轨道交通
的客流量也将会大大低于国内其他特大城市，而轨道交通建设投资巨大，运营

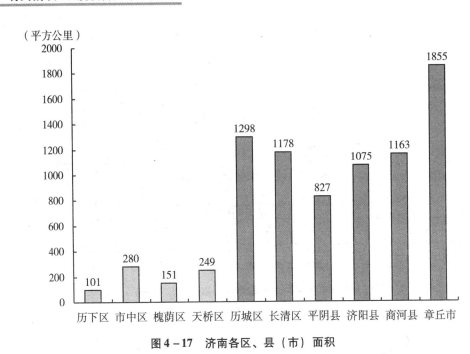

（平方公里）

图4-17 济南各区、县（市）面积

成本也相对较高，在国家不再为地方债务担保的大趋势下，济南城市公共基础设施建设投入的经济性将大大降低。

6. 青岛市

青岛是全国15个估计人口在1000万以上的特大城市之一，但青岛市辖区估计人口仅569万人，勉强达到我国特大城市人口标准。青岛本地户籍人口数量较多，2012年为769.56万人，其中市区户籍人口279.57万人。从估计的情况来看，青岛市区是容纳外来人口的主要区域，外来人口250万左右。2013年年末，青岛估计总人口1124万人，较2010年增加了98万人，平均每年增加30万人左右。2013年青岛官方公布的常住人口为896.41万人，其中市区常住人口为471.62万人，占全市总人口的52.6%。

2012年12月1日起，青岛行政区划进行调整：撤销青岛市市北区、四方区，设立新的青岛市市北区，以原市北区、四方区的行政区域为新的市北区的行政区域。撤销青岛市黄岛区、县级胶南市，设立新的青岛市黄岛区，以原青岛市黄岛区、县级胶南市的行政区域为新的黄岛区的行政区域。调整后的青岛市区面积扩展到1471平方公里，占全市11282平方公里的13.03%。

7. 武汉市

20 世纪 80 年代，武汉城市非农业人口规模仅次于上海、北京和天津三个直辖市。而到了 90 年代，中国沿海城市人口迅猛增长，武汉逐渐被广州、深圳和东莞等超越。进入 21 世纪，随着国家中部崛起战略的实施，武汉人口和经济地位逐渐回升。

1990 年第四次人口普查时，武汉官方总人口达到 690.19 万人，而实有总人口估计为 750 万左右，其中主城区人口 400 万左右（含 100 万左右的流动人口）。到 2000 年第五次人口普查时，官方公布的常住人口突破 800 万人，比 1990 年增加 114.36 万人，年均增加 11.4 万人；2000 年武汉实有总人口 950 万左右，比 1990 年增加 200 万人，年均增加 20 万人左右，在国内特大城市中排名相当靠后；主城区人口估计增加到 650 万左右，约比 1990 年增加了六成。

2010 年第六次人口普查时，官方公布的武汉常住人口接近 1000 万，其中主城区人口增加 300 万人，年均增加 30 万，而主城区之外的人口基本上没有增加，实际总人口估计达到 1250 万人。2013 年年末，官方公布的武汉常住人口为 1022 万人，实际总人口估计 1300 万，其中主城区人口估计为 1100 万。

8. 郑州市

严格来讲，与青岛、济南相比，郑州在人口总量方面并没有多少优势，但郑州 700 万的户籍人口使我们将其纳入分析视野。由于郑州的经济发展无法满足全市人口的就业需求，其下属市县不少农业人口需要流出全国其他地区。2004 年，郑州流出人口 100 万左右，外地流入人口 50 万左右，全市总人口比户籍人口总数少 50 万人左右。2006 年以后，外出人口的加速回流和外来人口的加速流入使得郑州总人口迅猛增长（见表 4 - 8）。

表 4 - 8　　　　郑州总人口及净流入人口估计（2006～2013 年）

年份	手机用户 （万户）	户籍人口 （万人）	净流入人口 （万人）	总人口估计 （万人）
2006	485	724	- 30	695
2007	570	736	30	766
2008	614	744	49	792

年份	手机用户（万户）	户籍人口（万人）	净流入人口（万人）	总人口估计（万人）
2009	742	752	132	884
2010	873	760	208	968
2011	928	768	218	986
2012	1022	768	244	1012
2013	1249	776	288	1064

2006 年以来，郑州市区外来人口迅速增长。2011 年郑州市区外来人口规模突破 400 万人（见图 4-18），其中来自郑州以外地区约 218 万，来自郑州本地近 200 万人①。我们根据郑州移动用户数量估计，2012 年郑州总人口规模突破 1000 万人。来自河南省社科院发布的《河南社会发展报告（2014）》认为，以河南常住总人口 9400 万为基数推算，河南省约有 17.4% 即 1635 万人口为农民身份的市民，处于半城市化状态。报告指出，截至 2013 年 9 月，郑州市区流动人口达 340 万，且每年以 25% 的速度递增。报告中的流动人口应该不包括郑州周边县市流动到市区，而是郑州地区以外的净流入。由于我们的估计相对谨慎，因此河南社科院报告与我们的估计都是可信的。

从郑州的卫星地图看，郑州也是一个人口在千万级别的特大城市。2006 年至今，郑州人口增加了 369 万，年均增加 52 万余人，其增速大于京沪穗深等一线城市。在外出人口回流放缓的情况下，郑州人口增长也将逐步进入缓慢增长阶段。随着"城中村"改造逐步升级，郑州外来人口的生存压力也将上涨，这将进一步压缩郑州人口的增长空间。

9. 哈尔滨市

20 世纪 80 年代，哈尔滨是我国少数几个非农业人口超过 300 万的城市。90 年代，作为东北老工业区的特大城市，哈尔滨经济增长缓慢，农村人口城市化进程也同样缓慢，部分农村人口甚至到哈尔滨地区以外的地方谋生。从官

---

① 2004 年以后，郑州市高校新生不再办理户口迁移手续，累计约 100 万人，约占外来人口总量的 1/4。

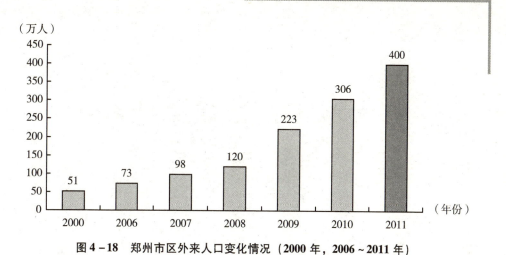

图 4 – 18　郑州市区外来人口变化情况（2000 年，2006～2011 年）

资料来源：中国房地产信息集团克而瑞（中国）信息技术有限公司。http：//www. doc88. com/p – 1048778707197. html.

方数据看，1999 年哈尔滨年末总人口甚至比 2000 年第五次人口普查多出 27.3 万人，扣除户籍人口的自然增长，意味着至少有 35 万人外出时间在半年以上。直到 2009 年，哈尔滨的人口流入和流出才基本达到平衡。

　　2010 年，哈尔滨总人口规模突破千万大关，至 2013 年，哈尔滨估计总人口规模为 1027 万。从城市卫星影像图来判断，近 20 年来，哈尔滨主城区人口增速基本保持在年均增长 10 万左右；1990 年哈尔滨主城区人口在 300 万左右；到 2000 年主城区人口增加到 400 万左右；2010 年主城区人口增加到 500 万左右。

第五章

特大城市人口规模控制:
理论与实证

一、国内外特大城市人口规模控制文献评述

在国内，所有研究大城市人口问题的文献都离不开流动人口的研究。在改革开放前的严格控制城市人口增长的年代，人口的迁移和流动严格按照计划进行，几乎不存在城市人口增长的问题，有关城市人口规模控制的文献也极少。在中国知网的可检索文献中，1955～1977 年全部有关流动人口研究的文献也只有175 篇，比改革开放后的1983 年还少16 篇，也不到 2006 年及之后年份的 1%。1967～1971 年的五年中一篇都没有。尽管文献数量极少，但也表明在人口流动放松的年代，相关文献数量也会大量增加（见图 5-1）。

改革开放打开了国内城乡人口大流动的闸门，由于农村过剩的劳动力大量前往城市寻求工作，导致城市流动人口激增。与此相对应，有关流动人口的文献也随着人口流动所带来的大量问题应运而生。当人口流动的热潮稍退时，相关研究也会随之冷却。如 1989～1992 年、1995～1998 年、2008～2009 年因国企改制与亚洲金融危机、全球金融风暴等导致人口流动放缓而表现在相关文献数量的下降。总体来看，自 1978 年改革开放以来，国内有关流动人口的研究文献呈现出指数化的增长态势① （见

① 严格来说，1978～2007 年改革开放 30 年里的人口流动规模与相关研究文献都呈现出指数化的增长态势。2014 年尚有部分文献并没有纳入知网数据库中，但总数估计很难超越 2013 年的文献数量。

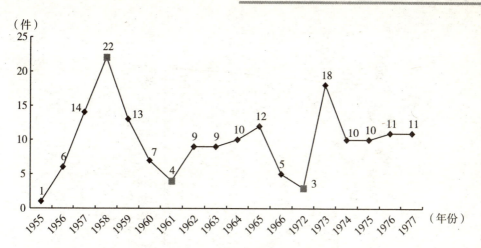

图 5 - 1　中国知网"流动人口"关键词全文检索文献数量（1955～1977 年）

图 5 - 2）。值得注意的是，进入 21 世纪之后，规模庞大的流动人口与户籍制度相分离所带来的各种各样巨大的社会问题，使流动人口研究持续成为学术研究的热点问题。

　　1980 年，全国城市规划工作会议就明确了"控制大城市规模，合理发展中等城市，积极发展小城市"的城市发展总方针。1984 年，在成都召开全国大城市人口问题和对策讨论会议，会议由京、津、沪、蓉市政府和中国城市科学研究会、北京大学社会学系联合发起，来自全国 25 个百万以上人口的大城市代表、国务院主管部门的代表和特邀代表共 150 多人参加了大会。大会成立的领导小组就我国城市发展总方针、控制大城市市区人口规模、大城市人口的合理分布、城市暂住流动人口等四个主要问题进行了广泛深入的讨论。大会提出要严格控制大城市市区人口规模，其主要依据是：首先，我国几亿农民中已经并将会有更多的农业剩余劳动力有务工经商的需求；其次，我国农村中一部分农民虽然富裕起来，但总的说来，大城市的经济文化生活水平仍大大高于农村地区，这种城乡差距是农民进城的主要动力；第三大城市的市区现在都不同程度地存在着人口超负荷、超容量的问题。与会代表们认为，暂住流动人口的骤增，对于已经超负荷的城市基础设施来说确是造成了交通拥挤、市容卫生、社会秩序等诸多压力。

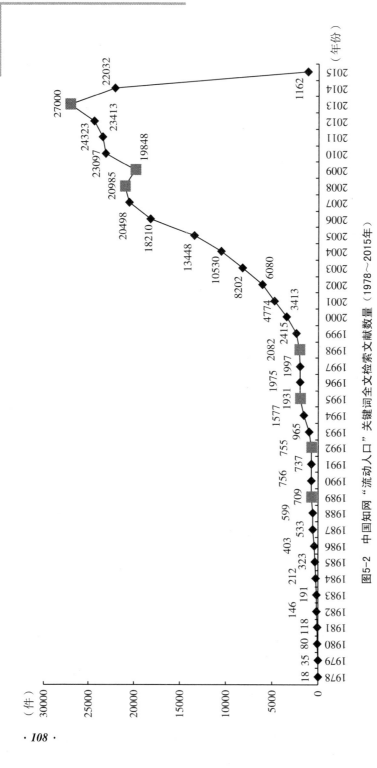

图5-2 中国知网"流动人口"关键词全文检索文献数量（1978～2015年）

注：检索日期为2015-03-15。

　　国内所有特大城市人口控制研究文献全部与流动人口有关。在北京，1985年的常住人口就已经接近千万人（987 万），而市区的流动人口也从改革之初的 30 万人增加到近 100 万。面对外来人口的涌入而导致城市人口的急剧膨胀，北京城市规划管理局的张敬淦（1986）提出，应借鉴伦敦、东京、莫斯科和巴黎等大城市通过建设卫星城镇来控制首都城市规模①。张敬淦（1986）认为，若不控制人口增长，2000 年北京市区的常住城市人口将超过 600 万人，大大突破总体规划确定的 400 万人的规模②。与北京相类似，国内其他大城市也面临外来人口不断涌入的问题。如刘宪（1986）③、许学强（1988）④、韩常森（1988）⑤、林璧符（1988）⑥ 分别研究了上海、广州、沈阳、福州等大城市的人口控制问题。在尚处于有计划的商品经济年代，不少学者对城市化政策倾向于政府干预而非市场导向（曲喻，1992）。可以发现，倾向于政府以行政干预的手段来控制人口的学者多出自行政事业单位。就政府自身而言，外来流动人口并不属于其治下的属民，而是这个城市的匆匆过客，当他们带来问题时，实施流动人口控制就是最简单和最有效的方法（计划思维惯性）。

　　党的十四大之后，外来人口对大城市的冲击日益持久和扩大。在经历了20 世纪 80 年代农村包产到户改革之后，农村剩余劳动力得到释放，这种释放在 80 年代主要由迅速发展的乡（镇）企业来吸收。1992 年中国大陆向市场经济转型，原有的乡（镇）企业面临困境，农村劳动力大军则向大城市和沿海发达地区转移，从而形成长达十余年的民工潮。在 1990 年全国第四次人口大普查之前的人口研究多以实地调研为基础，而后的学者更多依赖政府人口普查或人口调查的数据加以分析，在很多人并没有弄清数据背后事实的情况下发表的大量文献，淹没了数量相对较少的实地调研数据的声音，使大城市人口控制理念和声音发生了扭曲。

---

　　①　张敬淦. 建设卫星城镇与控制首都城市规模［J］. 城市问题，1986（2）：43 - 47.

　　②　北京官方公布 2000 年全市常住人口为 1364 万人，市区常住人口超过 1000 万；我们估计 2000 年北京实有人口 1843 万，市区实有人口 1500 万。

　　③　刘宪. 上海市城市化问题初探［J］. 世界经济文汇，1986（3）：46 - 49.

　　④　许学强，黎雅. 外来劳工与城市发展初探——以广州为例［J］. 城市问题，1988（6）：29 - 34.

　　⑤　韩常森. 浅谈沈阳市的流动人口［J］. 辽宁大学学报（哲学社会科学版），1988（5）：77 - 79.

　　⑥　林璧符，王依妹. 开放城市流动人口问题刍议——福州市城市流动人口问题的调查分析［J］. 福建论坛（社科教育版），1988（3）.

1998 年以后国内对大城市人口规模调控的呼声更多地缘自媒体，且集中探讨"城市病"，而人口规模和调控的学术研究集中在京沪穗等特大城市。与大多数将人口控制作为城市病治理的观点相反，张晖明（2000）认为城市病治理是一个复杂系统的治理，强调应从城市规划、产业布局、城镇空间体系、城市功能定位、城市基础设施投融资模式、居民出行公交导向、加强环境和历史文物保护、加大教育、科技和社会保障等多手段综合运用①。刘艺书（2000）认为，在我国中西部地区的特大城市发展有助于形成强大的经济增长极②。王玲慧、万勇（2004）认为，城市规模并非大城市病的病因，"摊大饼式"蔓延发展的形态结构才是大城市病产生的主因，应以产业为依托推动大城市新城建设③。

北京市社科院研究员冯晓英（2005a）④ 对北京的城市人口规模调控政策进行了回顾和反思。冯晓英认为，北京市对人口规模实施总量控制是建立在水资源严重短缺无法承载现有人口规模判断基础上做出的政策选择。这种以"无限供给"的进京农民工为调控主体，以实行户籍身份标签下的区别对待为调控手段，成为长期以来政府调控人口规模的一种思维定式。若继续采用行政调控手段，抬高农民工进京门槛，不但与当前国家形势和中央政策相悖，并有失社会公允，就是从实践的角度，也难以取得预想的效果。城市人口规模调控的路径依赖，非但没能阻止流动人口年年增长的态势，反而会引发四大新的社会、经济问题：一是公共管理与服务"缺位"，社会面临认同危机；二是数量庞大的城市边缘群体的出现，加大了社会的贫富差距；三是流动人口与社会摩擦逐渐增多，阶层矛盾日渐显化；四是"低端"行业从业人员供不应求，制约了城市的可持续发展。北京市现行总量控制指导思想下人口规模调控的路径依赖，在户籍制度变迁过程中，与整个社会的发展趋势逆向而行，其"控不住，管不了"的局面就在所难免。

冯晓英（2005b）⑤ 认为，北京人口规模的扩张是城市发展的必然，未来

① 张晖明，温娜. 城市系统的复杂性与城市病的综合治理［J］. 上海经济研究，2000（5）：45－49.

② 刘艺书. 关于我国城市发展模式的争论［J］. 城市问题，1999（4）：12－14.

③ 王玲慧，万勇. 国际大都市新城发展特点比较［J］. 城市问题，2004（2）：66－70.

④ 冯晓英. 城市人口规模调控政策的回顾与反思——以北京市为例［J］. 人口研究，2005，29（5）：40－47.

⑤ 冯晓英. 北京人口规模调控管见［J］. 前线，2005（11）：48－49.

北京人口规模不会无限制扩张，以对农民为控制主体的带有排斥性的流动人口规模调控制度安排是不可取的。在尊重人口迁移规律的同时，以城市功能布局调整和产业结构调整为依据，通过经济政策调整，实现市场主导下的人口有序流动和合理分布，提高城市发展的协调性，从而增加流动人口的综合承载能力，缓解资源的"瓶颈"压力；通过就业信息指导、职业培训、劳动权益保障、出租房屋管理、社会治安综合治理、社区建设等诸多社会政策的调整，将流动人口调控纳入规范化、制度化管理轨道，有针对性地解决仅靠经济政策调整无法解决的社会问题，以缓解流动人口问题对城市发展产生的压力，将流动人口膨胀产生的负面影响降到最低，是制定北京流动人口规模调控政策的基本思路。

随着研究的深入，国内越来越多的学者意识到人口控制的局限和产生的新问题，从而更多地转向人口规模调控。而在国外人口可自由流动，学者主要关注城市的适度规模和可持续发展（Chapin，1950；Simon，1977；Pollard，1980；Robinson，1982；King and Slesser，1994；Khalil 1994；Gretchen et al.，1994；Marcotullio，2001；Batty，2008）。国外大城市人口治理主要通过规划引导、改善交通和商业，兴建卫星城镇来实现人口合理分散（Berry et al.，1963；Machimura，1992；Mayer，1999；Douglass，2000；Hall，2004；Rieniets，2009）。

在特大城市人口规模控制对策方面，上海市政府发展研究中心的陈群民、徐建（2009）[①] 在借鉴北京人口调控的具体经验的基础上，提出七条强化上海人口调控的政策建议：第一，强化人口调控工作的组织领导。第二，强化产业调整对人口调控的作用。在产业调整上，实行产业增量和产业存量"两手抓"，中低端制造业和服务业"两头硬"，系统全面地"淘弱促强"，努力降低劳动力依赖。第三，严格建设用地管理，优化城市承载空间，努力从根本上控制人口承载空间。第四，进一步压缩外来人口非法居留空间。加大"城中村"改造力度，减少外来人口的非法居留空间。推行"社区化"封闭式管理，整治改善村容市容，大大压缩非法居住空间。构建规范村民出租行为的利益导向机制，引导农民支持配合人口调控工作。第五，进一步推动规划优化和新城建设，优化人口合理布局：尽快制定人口专项规划；推动市域范围内城市功能的

---

① 陈群民，徐建. 借鉴北京经验，强化上海人口调控 ［J］. 科学发展，2013（9）：107–112.

布局调整，加速新城建设进程；探索大上海都市圈规划。第六，完善就业政策，强化就业导向对人口规模的调节。将新项目落地与推动本地就业挂钩，引导、鼓励企业吸纳一定比例的本地人口；在公共服务行业优先使用本地居民；完善低保政策，形成有利于促进本地失业居民就业的激励机制。第七，完善人口调控的各项保障措施：制定公共政策的人口评估机制；强化目标责任考核机制；形成人口调控的地方规章体系。

二、特大城市人口规模调控的理论内涵

党的十八届三中全会强调，要"完善城镇化健康发展体制机制"，并将"合理控制特大城市人口规模，优化城市空间结构和管理格局，增强城市综合承载能力，推进城市建设管理创新"等写进了具体的改革之举。在此前后，学术理论界也逐渐将带有计划理念的"人口规模控制"改为"人口规模调控"，并进一步丰富了特大城市人口规模调控的理论内涵。

张真理（2009）[①]认为，北京市流动人口规模控制目标屡设屡破的历史事实已经说明了历史上目标设置的不合理和不科学。这种目标设置的不合理根本上在于人口预测方式的不合理。用于人口预测的数据的失真与人口预测模型本身的缺陷导致了人口预测方式的不合理。北京市流动人口规模调控目标的设定必须以流动人口调控的定位变迁为前提，主动放弃设定单一的、静止的数据指标作为目标，转向以人口规模、结构、分布与经济社会、资源环境的和谐关系作为制定调控目标的基本依据。

刘志（2013）提出了北京人口调控的三大战略要点[②]：其一，顺应特大城市发展规律，坚持城市性质功能，合理控制人口规模；其二，遵循世界城市发展路径，坚持中心功能疏解，优化人口空间布局；其三，适应城市发展要求，坚持公共服务均等，改善人口发展环境。

周振华、陈群民等（2013）[③]认为，人口发展规律和国际化大都市人口调

① 张真理.北京市流动人口规模调控：历史与反思［J］.法制与社会，2009（10中）：232－233.

② 刘志.北京人口调控的战略要点［J］.前线，2013（2）：59－61.

③ 上海市人民政府发展研究中心课题组.合理控制上海人口规模优化人口结构研究［J］.科学发展，2013（7）：3－17.课题组负责人：周振华、陈群民，课题组成员：李显波、徐建、吴也白、陈方、钱洁。

控的经验显示，在城市转型阶段开展人口规模调控，应聚焦于人口的总量、结构和分布三个层面：一是在总量上，确保人口增速适度可控。保持城市人口规模的增长始终处于城市综合承载力的承受范围内，是合理控制人口规模的首要任务。二是在结构上，确保人口结构逐步优化。优化人口结构，确保人口结构合理，形成与城市功能相适应的人口结构，是合理控制人口规模的第二要务。三是在分布上，确保人口布局均衡有序。有序均衡分布人口，确保人口分布与城市功能的合理匹配，也是合理控制人口规模的重要内容。

周振华、陈群民等（2013）认为，在人口规模的控制上，应通过实施系统的综合工程，形成科学的体制机制，才能真正达到控制的目标。一是要形成综合的调控体制，构建"城市建设和管理、经济发展、社会管理、公共服务和人口管理"多位一体的控制体制；二是要突出多元的调控理念，打造"政府主导，市场调节，社会配合"的调控格局，灵活运用产业政策、公共服务政策、社会管理政策、舆论宣传等多种形式；三是要形成多层次的调控网络，积极争取国家层面的政策支持与加速推进区域协调发展相结合，加快实现政策突破和低端产业向外转移。

陆杰华、李月（2014）① 认为，人口规模调控主要是对城市人口的数量、结构和分布等方面的调控，而对于特大城市而言，人口规模调控的理论内涵主要包括三个方面：一是优化城市功能分区。特大城市人口调控的首要内涵就是要规划形成合理有序的城市功能分区，使不同功能区实现错落有致的搭配，在城市中形成多个小而全的功能区集合，这样才能有助于减少人口在城市中活动的频率和出行的时间，从而有效利用城市空间，发挥城市各个功能分区的作用和潜力。二是优化人口产业结构布局。优化产业结构是特大城市人口调控最为重要的途径之一。特大城市的发展过程是人口与产业结构持续优化和升级的动态变化过程。特大城市人口调控是要充分运用自身要素高度聚集的优势，转变经济发展方式，以产业结构带动人口结构的改善，实现人口与产业结构相互促进的发展方式，实现城市经济向现代产业结构不断转变。三是优化人口服务管理体制。在强调引导人口有序流动的同时，还要强调"以人为本"的城市发展观，提高居民在城市中生活的幸福感，提升人口要素的活力和创造力。特大城市应提高人口服务和管理体制的创新工作，适应特大城市人口管理的任务和

---

① 陆杰华，李月．特大城市人口规模调控的理论与实践探讨——以北京为例［J］．上海行政学院学报，2014（1）：13－22．人大复印资料《人口学》，2014年第3期全文转载．

特点，发挥特大城市地区辐射和示范作用，促进我国城镇化进程的全面推进。

在国内，纯学术研究者对人口控制论逐渐淡化，而是重点强调优化城市人口的空间分布，强调城市建设管理创新。这种由控制论向管理论的转变，其实质是城市为人服务的观念转变。不可否认，人口控制论在政府官员或者具有政府背景的学者中依旧大有市场，"以人为本"的城市化道路仍然相当漫长。

三、特大城市人口规模控制：必要性及其论争

一般认为，过快的城市化会导致"城市病"，而人口膨胀、交通拥堵和城市贫困则认为是"城市病"的三大主要表现。曾长秋、赵剑芳（2007）[①] 认为，除了人口膨胀、交通拥挤、能源短缺和环境污染等典型城市病以外，在人文系统中还存在着抑郁症问题、青少年问题以及乞丐问题等非典型城市病。朱颖慧（2010）[②] 认为，中国的"城市病"有六大症状：人口无序集聚、能源资源紧张、生态环境恶化、交通拥堵严重、房价居高不下和安全形势严峻。由于国内外研究"城市病"的文献大部分与大城市有关，不少学者认为城市规模越大，"城市病"发生的概率越大。因此，早在20世纪80年代，中国政府就实施了"严格控制大城市规模，合理发展中等城市和小城市"的方针政策。

陈哲、刘学敏（2012）[③] 在文献综述的基础上，分析了"城市病"产生的六大病因：一是城市规模过大；二是城市结构不合理；三是城市建设存在盲目性；四是政府干预过度；五是资源分配失衡；六是农村劳动力转移过度。在此基础上，总结出了"城市病"预防和治理的六大方法与对策：一要促进人口空间分布均衡化；二要提高城市建设与管理水平；三要创新城市模式设计；四要寻求更大区域范围内解决"城市病"；五要推进乡村生活城市化；六要追求城市化质量而不是追求城市化速度。

周振华、陈群民等（2013）[④] 将合理控制人口规模定为上海刻不容缓的重

---

① 曾长秋、赵剑芳. 我国城市化进程中的"城市病"及其治理 [J]. 湖南城市学院学报，2007，28（5）.

② 朱颖慧. 城市六大病：中国城市发展新挑战 [N]. 光明日报，2010 - 11 - 07.

③ 陈哲，刘学敏. 城市化进展与研究评述 [J]. 首都经贸大学学报，2012（1）：101 - 108.

④ 上海市人民政府发展研究中心课题组. 合理控制上海人口规模优化人口结构研究 [J]. 科学发展，2013（7）：3 - 17. 课题组负责人：周振华、陈群民，课题组成员：李显波、徐建、吴也白、陈方、钱洁.

大任务：其一，合理控制人口规模是贯彻国家战略的必然选择，要紧跟中央特大城市人口控制精神。其二，合理控制人口规模是城市综合承载力刚性约束的客观要求。当前如不加大人口规模控制的力度，上海人口总量在短期内就有可能突破城市综合承载力的极限，影响上海的可持续发展。其三，合理控制人口规模是"创新驱动，转型发展"的迫切之举。

结合特大城市自身发展以及我国整体城镇化进程，陆杰华、李月（2014）认为我国特大城市人口规模调控的必要性主要体现在：一是促进我国城镇化进程的重要推手。特大城市人口规模调控的一个重要意义在于能够间接实现资源的合理分布，推进其他地区城镇化进程，实现我国城镇化的全面推进。二是实现基本公共服务均等化的需要。对特大城市人口规模进行调控，实现人口规模合理有序地增加，也是保证全民享受公共服务均等化的重要前提。三是经济发展方式转变的客观要求。特大城市作为人口与生产力高度集聚的地区，在发展到一定阶段时都不可逆转地会出现由第二产业主导型向第三产业主导型的转变，对人力资源的需求也会相应地由劳动密集型向资本、技术密集型过渡，其发展方式也从粗放型增长向集约型增长方式转变。四是维持城市社会稳定的现实需求。特大城市人口规模调控是优化社会管理、化解各类社会矛盾，切实维护我国社会和谐稳定和长治久安的现实需求。

在国内，所有有关城市人口控制论者的观点基本上是经不起反驳和推敲的，人们通常忘记了城市的本质。城市的出现，是人类走向成熟和文明的标志，也是人类群居生活的高级形式。美国著名城市学家刘易斯·芒福德指出：如果说在过去许多世纪中，一些名都大邑成功地支配各自国家的历史的话，那只是因为这些城市始终能够代表他们的民族的文化，并把其绝大部分流传给后代。芒福德认为，城市是人类社会发展的必然产物，又是这一过程中的桥梁。芒福德还指出：一个城市的规模和复杂程度与它所集中和流传的文化之规模与复杂程度有直接关系①。从文化的角度来看，国内除大连、深圳、东莞等大城市外，其他现有的和潜在的特大城市都已经是国家历史文化名城，不少城市如广州力图打造世界文化名城。很难想象，一座实行人口控制的特大城市，其文化名城的打造必然充满痛苦的记忆。

其次，从城市的定义来看，《说文解字》将"城"定义为"以盛民之地"，

---

① ［美］刘易斯·芒福德. 城市发展史：起源、演变和前景［M］. 宋俊岭，倪文彦，译. 北京：中国建筑工业出版社，2005.

而将"市"定义为"买卖之所也"。约 2000 年前的东汉文字学家许慎认为"民,乃城之本"。现代城市的发展就是人口聚集的过程,城市工业、传统服务业和金融、信息等现代服务业,离开了人口的大量聚集,交易成本必将也倍增加,全球金融中心无一不是其所在国家和地区的人口密集的大城市。

四、特大城市人口规模控制有害无益论

近年来,随着大城市外来人口的增长,我国部分学者特别是政府决策管理人员对控制大城市人口规模增长呼声日高,甚至已把控制人口规模增长作为实现大城市可持续发展的重要战略。我国大城市人口规模增长是否已成为影响城市可持续发展的制约因素?国内外不少学者对此提出了明显的截然相反的看法。

(一)"城市病"病源与城市人口规模并无直接关联

石忆邵(1998)[①] 分析外来流动人口膨胀、城市失业率的空间分布、城市交通和环境污染程度与城市规模的关系,认为中国"城市病"的出现并非由于城市规模过大,而在于体制磨合、结构失调、政策失误、管理失控及首先失范等方面。

王桂新[②](2008)认为,"城市病"的"病源"并不在于城市人口规模大小,而往往与体制政策有问题、城市规划及管理不科学有关,所以无须对上海尚有一定限度的"'大'人口规模"产生"恐大症"而盲目"作茧自缚",有意无意地限制自身更好的发展。在全球化进程中,伴随着世界城市化的发展和世界城市的形成,必然将引发新一轮甚至超越国界的流向有望成为世界城市的人口再集中趋势,有望成为世界城市的城市的人口必将有进一步的增长。上海未来人口规模增长政策,应在逐步放宽生育控制、提高生育水平、推动人口自然增长的同时,更应该抓主要矛盾,关注人口迁移,抓好人口迁移这个"纲",

① 石忆邵.城市规模与"城市病"思辨[J].城市规划汇刊,1998(5).

② 王桂新,山东诸城人,1953 年 4 月生,上海复旦大学人口研究所所长、城市与区域发展研究中心主任、社会发展与公共政策学院学术委员会副主任及研究生教学委员会主任。先后兼任上海社会科学院、中国人民大学、华东师范大学、日本广岛大学兼职教授(或研究员)和客座教授。主要从事人口迁移与城市化、劳动就业与社会保障、人口资源环境经济分析及管理与评价、城市与区域分析、经营及政策评估、城市与区域可持续发展及决策系统建立等方面的研究。

促进人口的社会增长。通过科学的城市空间开发和人口合理再分布，不仅可以缓解城市发展与人口规模增长之间的矛盾，使长期以来困扰上海城市发展的一些疑难"城市病"得以很好的解决，而且还可以进一步扩大上海人口容量潜力，为上海未来人口规模开拓更大的"增长空间"。

（二）特大城市的发展需要人口规模支撑

王桂新（2008）[①] 以我国最大城市上海为例，多角度地系统考察和分析了改革开放以来上海人口规模增长与城市发展持续性的关系，发现上海人口规模增长与城市发展持续性总体上是相互促进、互动发展的。而且相对受到严格控制的户籍人口规模增长，受控较弱、相对强势的常住人口的规模增长与城市发展持续性具有更密切的正向互动作用关系。由此得到的基本结论是：到目前为止，人口规模增长仍是促进我国大城市实现可持续发展的积极因素，或至少没有明显的证据说明人口规模增长已制约我国大城市的可持续发展。

王桂新、俞奉庆（2009）[②] 从人口角度考察了上海建设世界城市所面临的挑战，分析了人口发展特别是人口迁移对上海建设世界城市的意义。分析指出，由于上海人力资源地位的弱化，使上海在发展的同时，其在长三角中的相对地位却不断下降，上海的中心城市地位正在发展中日渐"沉降"。特别是从经济规模（GDP）占长三角地区的比重来看，其下降趋势更加明显。1978年，上海GDP占长三角地区的42.25%，尚处长三角地区的"龙头"地位，但此后迅速下降，1989年即下降到24.29%，10余年间几乎下降了一半。此后虽勉强企稳，但2007年仍下降到21.49%。同期上海GDP占全国的比重也同样由1978年的7.48%下降到2007年的4.88%。而同期江苏、浙江两省GDP占长三角地区GDP的比重均呈升势，以浙江上升趋势最为明显，而上海则由"龙头"衰变为"第三"。不论从长三角地区还是从全国来看，上海市在发展中的相对地位都正像其地基、地面一样呈不断"沉降"的趋势。

王桂新、俞奉庆（2009）比较了日本东京在日本的城市发展过程中发现，20世纪50年代中期到70年代中期，与日本经济高速增长时期相对应，其县

① 王桂新.上海人口规模增长与城市发展持续性［J］.复旦学报（社会科学版），2008（5）：48－57.

② 王桂新，俞奉庆.上海人口迁移与世界城市建设研究——兼析日本的经验［J］.中国人口科学，2009（5）：79－85，112.

际迁移人口主要表现为向东京、大阪、名古屋三大都市圈迁移的"三极集中",而且对应于经济的高速增长,向三大都市圈的净迁入人口规模逐渐增大,大约在60年代初期先后达到最大值。从70年代末期开始到90年代初期结束,日本人口迁移与第一个阶段明显不同,只有东京都市圈表现为人口净迁入,而大阪都市圈已转变为人口净迁出,名古屋都市圈的人口净迁移也都基本接近零值。与日本经济较低的稳定增长时期相对应,其人口迁移的区域模式,已由原来第一阶段的"三极集中"转变为仅主要向东京都市圈集中迁移的"一极集中"。从90年代中期开始,日本又进入一个新的仍以东京都市圈"一极集中"为主要特征的人口迁移阶段。特别是21世纪以来,向东京都市圈"一极集中"的人口迁移仍呈持续增强态势。日本人口迁移区域模式由"三极集中"向"一极集中"的转变,以及21世纪以来向东京都市圈"一极集中"的持续增强,主要受日本产业结构调整、(东京)世界城市引擎作用及世界城市化发展的综合影响。从世界城市化及国际区域经济系统的形成等角度来看,东京已初步成长为世界城市,所以其人口迁移及城市化本身也是世界城市化的一个组成部分,其人口增长已越来越明显地受世界城市化及国际人口迁移的影响。伴随日本经济增长周期的变化,人口迁移区域模式由"三极集中"转向"一极集中",使规模本来就大的东京都市圈"大上加大",人口比重升势明显,显示了东京都市圈将拥有更庞大的人力资源和能量,并有可能在日本未来的发展中发挥更大作用。

日本总人口大约从2005年开始转向减少,但日本向东京都市圈"一极集中"的人口迁移态势却仍持续增强,使东京都市圈人口占日本总人口的比重2007年已达到27.3%。这是以东京为核心的东京都市圈的巨大魅力所在,也是日本经济可持续增长的重要基础和保证。但再进一步考察发现,东京都市圈的人口迁移仍存在明显的都(县)差异,并已经历了一个由扩散(或分散)趋向东京都"一极集中"的逆转变化。

王桂新、俞奉庆(2009)在比较的基础上对国内特大城市人口规模控制进行了反思。首先,中国是否应该严格控制大城市人口规模。在20世纪80年代初期,中国就出台了积极发展小城镇(市)、严格控制大城市规模的城市发展方针,并提倡农村人口"离土不离乡""进厂不进城"。其主要依据是城市资源有限、容量有限、就业岗位有限。日本的做法是首先重视城市发展,在城市挖掘资源,扩大容量,创造就业机会,吸引人口向城市集中,而中国则把政策的重点放在控制人口入迁增长上。东京都知事仍大呼东京都的人口还要继续增长，即使日本整个国家人口减少，东京的人口也必须增加；人口也同样高度密集的神奈川县甚至还为其人口突破900万大关举行纪念活动。而上海地方政府则一直强调要继续严格控制人口入迁和人口规模的增长。其次，中国控制大城市人口规模的后果。中国主要是通过户籍制度控制人口向大城市的迁移集中，其后果不仅使城乡差异持续扩大、社会矛盾加剧，而且也压抑了人力资源的利用效率，弱化了劳动力对经济增长的贡献，制约了整个国家的经济发展。改革开放以来，有限的（或被控制）人口迁移已经对推动中国经济增长发挥了重要作用，如果允许人口迁移的自主选择和人力资源的市场化配置，必将对推动中国经济增长发挥更大的作用。就上海及长三角地区而言，长三角地区人口及人力资源地位的弱化、上海中心城市地位的不断"沉降"，无一不主要是人口迁移控制的直接后果。上海已出现持续的人口自然负增长和移民特色的丧失两大人口危机，严格的人口入迁控制政策，更在不断加重着这两大人口危机，并已在深层次上制约了上海经济发展的持续性，影响了上海建设"两个中心"和世界城市的进程。最后，从人口角度看，中国在发展目标与政策取向之间存在悖反。中央政府已把上海发展纳入国家战略，欲把上海建成国际金融中心和国际航运中心"两个中心"；上海市政府甚至早已提出要把上海建成国际经济中心、国际商贸中心、国际金融中心、国际航运中心"四个中心"和世界城市。但中央政府及上海地方政府制定的人口、人才政策等一些关键政策却不利于甚至严重制约上述目标的实现。

王桂新、俞奉庆（2009）认为，为了实现把上海建成"两个中心"和世界城市的目标，根据中国特别是上海的实际，借鉴日本的经验，与严格控制人口规模相反，上海的人口政策应在如下几方面做出重大调整：第一，要转变观念，提高认识，高度重视人口条件对上海建设"两个中心"和世界城市的重大意义。应该认识到，上海要建设"两个中心"和世界城市，必将引起人口向上海的进一步集中和上海人口规模的不断扩大。良好的人口条件，足够的人口规模，是上海建设与发展的重要基础和保证。第二，要以人力资源为第一资源，制定积极的人口政策，为建成"千客万来"的世界城市创造良好的人口条件。应坚决调整以往相关严格控制人口迁移、增长的政策，制定更为科学、有效的人口发展规划与政策，吸引和蓄积更大规模的人口和人力资源。第三，要把政策重点由主要控制人口入迁城市转变为首先重视加快城市发展、挖掘城市潜力、扩大城市人口容量上。可从两个层面着手：一是立足上海，借鉴东京都经验，把重点放在高效地开发利用自己 6 340 平方公里的空间资源上，通过实施空间开发，挖掘空间潜力，合理分布人口，扩大上海人口容量；二是立足长三角地区，根据平等互利的原则，联合江、浙两省，实施"城市群"战略，共同推动上海市的建设，促进长三角地区城市群的建设和发展。第四，要建设和谐社区，提高市民素质，培养市民善纳百川的"海派"胸怀和开放意识。就目前来说，相对于日益增多的摩天大楼，上海市民的胸襟和国民意识却仍处于较低的水平。今后一定要打开上海大门，实行人口"多样化"政策，对广大入迁人口由"'沪'外有别"转变为"视若一家"，将对他们的行政控制转变为真诚服务，努力改善上海建设"两个中心"和世界城市的"软"环境。

（三）严控特大城市人口规模有害无利

2014 年 8 月 28 日，斯坦福大学经济政策研究院、人文经济学会、搜狐财经和北大光华管理学院联合举办"2014 人口与城市化发展论坛"。来自约翰霍普金斯大学生物统计学博士、人文经济学会特约研究员黄文政先生演讲的题目是"人口与资源、环境和城市发展"①。黄文政先生对中国自 1980 年以来在世界总人口及出口人口占比下降深表担忧，并以数据和事实说明"所有支持把人口降低下来对中国更好的观点其实没有一个是站得住的"。针对"人口降下来后，人均资源会更多，城市不会拥挤，经济发展会更好"的大多数观点，黄文政认为："对国家安全来说，控制人口导致人口极度老化，对军事力量和国家安全也是一个灾难性的影响"。黄文政很多研究表明，人口减少开始会有一点好处，但是长远来讲带来的坏处远远超过好处，但可悲的是这个减少人口的思想主导中国国家人口政策有三四十年的时间。

针对大城市拥堵问题，黄文政认为："城市的拥挤程度与所在国的人口并没有明显的关系，但与所在国的富裕程度很有关系"，他认为："即使把中国人口减少一半，它对城市的拥挤压力的减少只相当于两三年经济发展带来的影响，因为经济越发展，城市越不拥挤""如果中国人口降到 3 亿，北京、上海有可能会比现在更加拥挤""人口衰减带来的后果是人口越来越往大城市拥挤，大量土地被荒弃掉，中国未来的情况会比日本更严重。"

---

① 资料来源：搜狐财经评论——"黄文政：北京不应该控制人口规模?"，http: // business. sohu. com/20140904/n404075995. shtml.

根据 Demographiia 数据，从国际比较来看，如果北京没有人口限制，黄文政估计人口在 3000 万左右，如果 GDP 再增长到现在的 3 倍的话，北京自然均衡人口将是 3700 万。在前面的分城市研究中，我们认为 2013 年年末北京外来人口规模为 1200 万，加上北京户籍人口 1300 万，北京总人口规模实际上已经超过 2500 万，与上海实有人口不相上下。外来人口家属到其流入地居住和生活的意愿是非常高的，如果将北京外来人口的家属计算在内，2013 年年末北京外来人口的总量将超过 1700 万人[①]。

黄文政认为："人口控制让北京损失了一万亿以上的 GDP，损失 2000 亿的税收，对国家整体也是一个损失，因为人们离开北京创造的 GDP 和税收会低于在北京创造的份额""一个城市他的一半以上的人口长期没有正式身份，这是非常严重的一个政治问题，也是社会安全问题，不公平感觉会影响到北京乃至整个国家的凝聚力""2003 年中国废除 40 多年的收容遣送制度，原先担心所谓的流民失控也并没有发生"。黄文政认为：北京目前这种发展思路就是，"以违反经济规律人口控制目标来规划北京的建设，一方面享受人口集聚的好处，另一方面又把规划管理不当造成种种问题归咎于人口太多，限制外来人口的流入""后果是人口增长肯定会高于它的控制目标，北京的公共资源和基础设施将长期滞后于现实需求，流入人口很多因为无法安顿，他的愤怒情绪会不断积累""另外，人口规模被控制在均衡水平以下，北京所感受到只是人口膨胀的压力，但是看不到人口控制对他造成潜在损失有多么大""人口规模衰减对中国根本也不是一个好事情，中国的发展会釜底抽薪，导致中国国力下降，甚至整个中华民族的衰败"。

关于北京人口控制，黄文政的结论是，无论人口还是城市面积，北京规模不是太大，而是太小。自然资源匮乏不能成为北京人口控制的理由。北京公共资源不足是由于规划失误管理不当，其根源就是人口控制思想。严控北京特大城市的人口规模的政策，只是计划生育思想下的一念之差，但是实行后果是伤害无数家庭，也危害北京特大城市本身来自国家的整体发展。完全取消户籍限制，合情合理，利国利民，政府职责应该是按照合理规划预测来提供公共服务，而不是使用行政手段来阻止人口的自然流动。

---

① 北京外来人口中 70% 是劳动力人口，即 840 万左右。我国劳动力占总人口比例不到 60%，意味着若家属随迁，北京外来人口将达到 1760 万人。加上户籍人口，2013 年北京自然均衡人口是 3060 万。

五、中国特大城市人口规模增长趋势

在国内,学者们讨论城市人口规模控制或者设定人口增长目标时,最大的不足在于人口数据本身的缺陷,因为此时城市实际的人口已经大大超过了所讨论的范围。而在我们前面的研究中,我们以大量的篇幅推算国内特大城市不同时期的实有人口规模,以此判断城市人口的增长趋势。由图5-3可以看出,国内几乎所有的特大城市的实有人口是在2005年以前增加的;自此之后除中西部特大城市人口增加较快之外,东部不少特大城市甚至出现了人口绝对减少的情况和趋势。

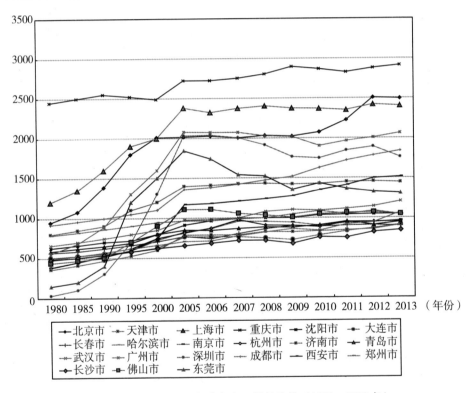

图5-3 中国主要特大城市人口增长趋势(1980~2013年)

事实上，2003 年的"民工荒"出现就已经标志中国农村剩余劳动力非农就业转型的基本结束。从 1984 年全国范围的民工潮开始，到 2003 年的"民工潮"落幕，中国大陆"农民工无限供给"的年代持续了 20 年。历史告诉人们：特大城市人口规模"控不住"，而在中国经济进入新常态之后，特大城市人口增长也将进入新常态：劳动力供给低速增长、非劳动力人口持续增加。人口新常态的到来意味着城市将从"控人"转向"留人"。由于历史积累的人口问题没有从根本上得到解决，特大城市的管理者面临着早上大谈"人口控制"下午大讲"劳工短缺"的困境。

在特大城市序列中，不同城市面临的人口问题有着本质的区别。四大直辖市中，重庆因地处西部，其人口增长趋势与京津沪有较大的差别：2000 年之前重庆实有人口增长停滞，新增人口甚至不足以弥补人口流出增长；随着沿海经济转型，重庆外出人口回流导致人口总量增加，2009 年金融危机回流速度加快，但依然少于其户籍人口总量。天津和上海人口增长比较一致，2005 年以来增长速度大为下降，年均增长人口下降到 10 万人以内。北京人口在 2008 年奥运会之后恢复性增长，目前也步入稳定区间，2013 年甚至也出现了绝对下降。

东北特大城市人口增长缓慢，除大连外，其他特大城市人口以本地户籍人口增长为主，外来流入导致人口增长并不显著。事实上，东北人口流失问题逐步严重，主要原因是国有企业比重过大，经济缺乏活力，地方政府负债严重，财政刚性支出大。地方政府财力缺乏所产生的问题具有链条性：政府无力负责→非政府势力渗透社会各阶层→年轻人口、富有阶层与中产人口流出→城市萎缩、相对贫困→社会危机。若中央政府目前对东北问题不引起足够重视，一旦东北出问题，其严重性必然远大于新疆等西北地区。

沿海特大城市农民工流失，老少外来人口流入是其人口变动的主要因素。深圳、东莞、佛山、苏州等非省会城市总人口下降，广州基本平衡。东部沿海特大城市人口向中西部转移并不会带来大问题，主要原因是这些城市相对人口而言政府规模较少，财政刚性供养金额不大。东部沿海特大城市应着眼于扩大医疗、教育和社会保障等公共服务供给，避免人口大幅度回流。适时考虑以房入户，应该确保常住人口稳定或适度增长，而不是严控人口增长。

中西部特大城市进入快速增长阶段，本地、本省外出人口回流是这些城市人口增长的主要因素。由于全国人口非农化就业基本稳定，农村人口涌入城市的动力衰竭，因此不必担心人口的爆炸式增长。改革开放至今，中国城镇实有人口已达10亿左右，其中7亿来自农村。农村可转移劳动力不多，中国农村劳动力非农就业转移基本完成，但还有3亿左右的人口没有融入城市生活，中国城镇化进程远没有完成。

将图5-3中城市人口增长以每10年为一个阶段划分后形成表5-1。从表中可以非常明显地看出：（1）中国特大城市人口增长与经济增长基本同步，城市经济增长越快，同期人口增长也越快；（2）除北京因奥运会人口恢复性增长外，东部沿海特大城市人口增长高峰期已过，中西部特大城市因人口外出回流而进入高速增长期；（3）东部沿海非省会城市因外来人口回流过快而导致人口持续减少，如深圳、东莞两市的人口分别由2007年的2000万、1750万下降到2014年的1700万、1300万。

表5-1　　　　　　　　中国特大城市人口增长估计

城市	1981~1990年		1991~2000年		2001~2010年		2011~2014年	
	累计增加	年均增加	累计增加	年均增加	累计增加	年均增加	累计增加	年均增加
北京	200	20	500	50	100	10	400	80
成都	80	8	100	10	500	50	200	50
西安	80	8	150	15	500	50	160	40
郑州	70	7	90	9	200	20	150	37.5
上海	200	10	500	50	400	40	100	25
重庆	100	10	-50	-5	400	40	100	25
长沙	60	6	80	8	140	14	100	25
大连	50	5	150	15	180	18	100	10
武汉	100	10	100	10	150	15	100	10
广州	300	30	700	70	300	30	100	10
济南	120	12	130	13	200	20	70	7
南京	150	15	200	20	180	18	60	6
杭州	150	15	250	25	150	15	60	6

续表

城市	1981～1990 年		1991～2000 年		2001～2010 年		2011～2014 年	
	累计增加	年均增加	累计增加	年均增加	累计增加	年均增加	累计增加	年均增加
天津	100	10	300	30	200	20	20	5
青岛	60	6	150	15	100	10	50	5
沈阳	50	5	150	15	200	20	10	2.5
长春	50	5	100	10	150	15	−8	−2
佛山	100	10	400	40	150	15	−10	−2.5
哈尔滨	70	7	100	10	150	15	−50	−5
深圳	300	30	1000	100	400	40	−300	−37.5*
东莞	250	25	1000	100	−70	−7	−450	−56.25*

注：深圳、东莞人口在2006年左右达到顶峰，其最后两列累计人口增量及年均增量以2007年数据为基准。

人口增长主要由产业及经济增长有关，行政手段的控制通常以失败告终（张强、周晓津，2014）。2010年，北京官方公布的常住人口数据比2009年增加了101.9万人，人口的快速增长引起了中央和地方的高度警觉，国内的知名学者也不断地为北京的人口控制提出相应的对策和建议，如果仅从官方公布的常住人口数据来看，北京的总人口规模是逐年增加的。但我们根据北京自来水销售总量恢复的北京总人口规模表明，1978～2013年，北京城市实有人口规模波动是非常大的。早在1980年，北京实有人口规模就突破1000万，1992年突破1500万，1997年突破2000万，2011年则突破2500万。我们发现，北京人口增长最快的时期是1992～1997年，几乎每年增加100万，而1997～2011年北京增加500万人口耗时14年，每年增加35万人。在为举办奥运会而强力推进的人口行政控制放松之后，北京外来人口在2008年之后的快速增长实际上只是此前强力人口控制的恢复性反弹式增长。从估计的人口序列数据来看，北京实有人口的增长同样符合Logistic曲线，2011年以来已经进入了相对缓慢增长阶段，北京、上海等超大城市人口增长也面临下面的人口增长新常态约束。

城市吸引人口的能力决定其在国内城市体系中的地位和作用。相对于国内其他城市非农人口的增加,上海在国内城市体系中的地位也进一步下降了。
2014年年末,北京城市人口规模与上海大致相当,京沪两市经济规模也渐趋
相等①。北京在20世纪90年代初期因政治原因导致人口流入相对下降,其在
国内的经济地位也曾一度下降;在人口流入增加的同时,北京GDP占国内七
大城市的比重得以保持。天津在2000年以前GDP占全国七大城市比重与上海
一样也逐年下降,随后天津在国家战略的支撑下其经济地位一度恢复。广州和
深圳自1985~2005年人口流入迅猛增长,两市的经济地位也逐年上升;深圳
在2007年之后进入转型期,2010年之后转型基本完成,此时广州依赖省会地
位人口吸引力相对平稳,经济地位也保持不变;苏州则与深圳类似。重庆自
2006年劳动力人口回流加速,其占七大城市比重也逐渐上升,2014年重庆超
越苏州,排国内七大城市第六位(见图5-4)。

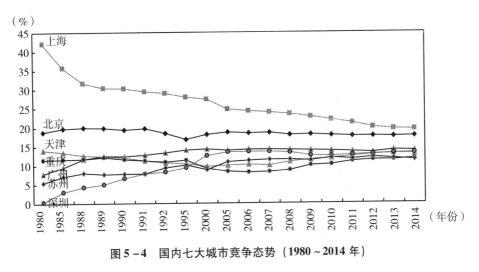

图5-4 国内七大城市竞争态势(1980~2014年)

深圳、东莞是国内率先转型的特大城市。从某种程度上看,这两个以政府
为主导的城市转型似乎取得了一定的成功。不应忘记的是,深圳、东莞两个特
大城市本身只有200余万的户籍人口,在地方政府并不对外来人口承担责任的
情况下,这种转型的难度是比较低的。与中西部地区相比,相比于强大的财政
收入而言,深圳人的政府负担只有中西部城市的1/7,甚至更低;即使与邻近

① 我们认为,由于国内统计口径的差异,导致北京这种以服务业为主的城市GDP统计被低估,
京沪两市GDP实际难分高低。

的广州相比，广州户籍人口约是深圳的 4 倍，在同等条件下，广州投向教育、医疗等非财政创收行业的投入要达到深圳的 4 倍。同期东莞的转型要比深圳困难得多，根本原因在于东莞本土人口中的经营管理人才缺乏：本地人收租就行了，根本用不着在市场上拼杀。在中国劳动力成本大幅上升的背景下，未来中国人的福利依赖于中国是否具有大量的全球经营管理人才。

第六章

京沪穗城市人口规模调控
经验及借鉴

一、北京市人口规模调控

北京奥运会开幕之间的城市人口规模调控最早可以追溯到 2006 年年初，最有效的手段是劝返农民工，年后限制农民工反流。2006 年 9 月 14 日，北京市 2008 年环境指挥部召开奥运立法工作动员部署大会，针对奥运会期间放假、机动车限行、艾滋病病毒携带者入境等首批 65 个奥运立法需求项目，标志着奥运立法工作进入实质性工作阶段。人口调控手段包括[①]：（1）放假：对于部分非连续生产企业采取综合计算工时制，调整工作时间，奥运会期间集中放假，以奥运会之前或者之后的工作时间折抵集中休息时间。（2）劝返：奥运会期间北京市将立法根据不同情况对流动人口采取限制。从事城市基础建设项目施工的农民工，在奥运会期间预计有 100 万人（仅计算建筑业），对这部分人由建委协调施工企业整建制劝返回乡。加强对流浪乞讨人员的救助，对未成年人实施强制救助。加强对流动人口出现问题较为严重的低端行业的管理和规范，如小美容美发等一部分流动人口将被挤出北京。（3）限进：经请示国务院同意，限制进京人员数量，如进京人员需出具县级以上证明等，从根本上控制流动人口。（4）交通管制：实行机动车单双号出行，限制外地车辆进京；开设机场专用通道，由华北地区管理局奥运工作实施领导小组研究解决。

---

① 原始资料来源于搜狐新闻（http://news.sohu.com/20060915/n245349121.shtml），记者杨超 2006 年 9 月 14 日华夏时报报道。本节对此报道进行整理。

（5）禁烟：尽可能扩大禁烟场所的范围。（6）加大城管执法：加大对游行示威、欺行霸市、强买强卖、沿街兜售和哄抬物价等行为的城管执法打击力度，对奥运期间可能出现的问题及时捕捉，并且在处理时讲究可操作性，如处理裸体游行在适用现行法律法规的同时，要求执法人员随身携带床单等遮挡物，予以适当处理。（7）加强入境检疫：针对疾病入境检疫，其中传染病染病人员，特别是艾滋病病毒携带者入境问题，北京市报请中央，由国务院有关部门制定规则或者做出解释。

北京奥运期间的人口规模调控可以通过对北京移动通信管理局公布的北京市移动用户月度数据的变化来看清楚。由图 6-1 可以看出，2006 年的人口规模调控效果显现，外部人口流入骤减，部分已流入的人口开始返回原住地，估计人口规模减少 50 万；2007~2008 年年末，北京的移动用户几乎是零增长，意味着大量外来人口返回其原籍所在地。扣除北京人口每年 50 万~60 万的净增长，我们发现：北京移动用户比不施加调控相比最多减少了 500 万人，扣除流入应增长的 180 万（2002~2005 年每年 50 万~60 万的净增长），我们估计北京奥运会期间外来人口减少了 320 万人左右。2007 年 3 月，虽然北京市当局表示奥运会期间不限制外来人口进京，但实际上 2007 年年初是北京人口流入限制最为严格的时期。

2008 年奥运会结束，北京奥运会期间的人口控制开始放松，然而 2008 年的国际金融危机影响在 2009 年开始显现，从图 6-1 可以看出，北京移动用户数量开始恢复增长，但增长速度远比 2010 年和 2011 年要慢。奥运结束后，北京人口控制逐步回复到市场调节状态，城市人口迅速恢复其原有的状态。由于北京外来人口的结构和数量大致与上海相当，因此我们估计北京受 2008 年全球金融危机的影响而减少的工作机会也与上海相当，即 100 万人，这就意味着北京奥运会期间的人口控制结果是：北京减少了 220 万~250 万人，这一数据与外媒报道的数据基本一致。以此来看，北京以行政手段为主的人口调控并未能动及人口增长的根本，一旦放松调控，人口增长的内在动力将会在短期内使城市人口规模恢复到其应有的状态。

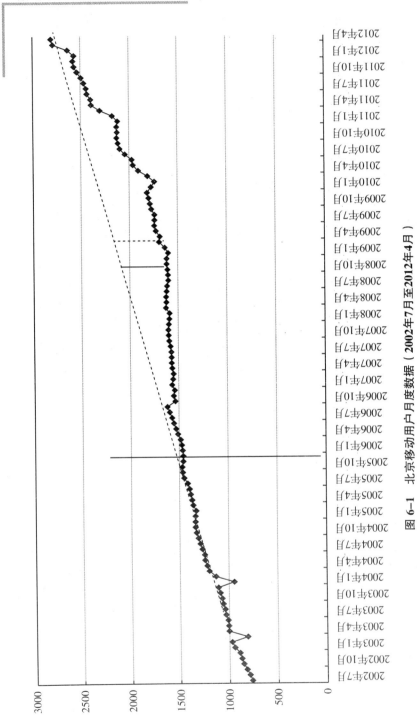

图 6-1 北京移动用户月度数据（2002年7月至2012年4月）

基础数据来源：北京市通信管理局行业统计资料（http://www.bca.gov.cn/default/list.jsp?key=hytj），我们进行了整理和分析。

二、上海市人口规模调控

随着流动人口规模的扩大和人户分离现象的日益严重，掌握准确的人口信息对维护社会治安、加强政府管理和服务起到越来越重要的作用。2008 年 7 月，上海市政府办公厅转发了上海市人口办《关于在全市范围内组织开展实有人口、实有房屋全覆盖管理的实施意见》，决定在全市范围内全面推开"两个实有"全覆盖管理工作。"两个实有"全覆盖管理通过对居住在辖区内的常住户籍人口、来穗人员、境外人员实行全面核对与登记、对辖区内所有的居住房屋包括对工业厂房、农民旧住宅、地下空间等所有可能居住的场所信息进行全面采集，摸清辖区内所有人口的信息，做到"见房知人""见人知房"，从而达到"以房找人""以人找房"。截至 2009 年年底，上海市 18 个区、县已经全面开展了"两个实有"工作，按规定标准、预定节点，完成了辖区门弄楼号纸质地图定位采集、GIS 地图门弄楼号信息录入、数据批量导入等"规定动作"。为确保世博会安全、顺利地召开，2009 年 9 月，上海便先期在 12 座重点轨交站开展了全封闭安检。2009 年 9 月，"上海平安志愿者服务队"成立。上海平安志愿者服务队共设置地区类、行业类、应急机动类等三大类平安志愿服务项目，内容涵盖了社区治安巡防、物业管理、人民调解、消防安全、交通安全、旅游（商业）场所安全、生产安全、车站、码头、航站楼、出入市境道口守护、应急机动等事关世博会安全举办和平安建设的 14 项内容。根据上海世博会安全保卫工作指挥部的统一部署以及中央、市委领导的指示，自 2009 年 10 月起，上海将"平安世博"纳入工作目标，并围绕这一目标开展了多项世博安保行动，把维护社会稳定、人口管理、社区防范、安全生产、应急管理等工作细化、分解、落实。2010 年 1 月上海率先实现了对全市人口的实时监控和管理①。

从图 6 - 2 中上海移动用户月度数据的变化可以看出，相对北京奥运会期间的人口控制而言，上海注重对人口实施的动态监控，而较少地采用行政强制手段驱离外来人口。世博会期间的人口控制效果比金融危机带来的影响甚至还小。我们估计 2010 年上海世博会期间，外来人口因世博人口控制仅减少了50 万 ~ 70 万人，且这部分减少的人口在 2010 年年末即重新返回上海，其生计

---

① 原始资料来源于人民网地方要闻（http://unn.people.com.cn/GB/14794/21778/10811499.html），《法制日报》记者刘建、陈怡菲的 2010 年 1 月 20 日报道。

并未受到太大的影响；我们估计 2008 年的金融危机导致上海适合外来人口的工作机会减少了约 100 万个，根据 2008 年上海 900 万外来人口的情况，可以估计 2008 年全球金融危机导致中国 2000 万人失业，我们的估计与实际调查基本一致①。

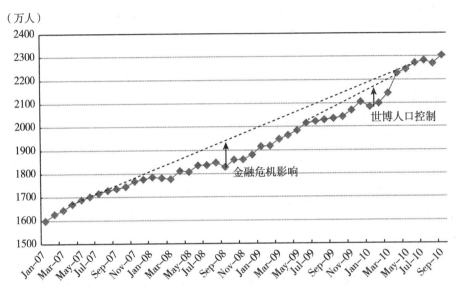

图 6 – 2　上海移动用户月度数据（2007 年 1 月至 2010 年 9 月）

基础数据来源：上海市通信管理局行业统计资料（http：//media. gamesh. com/zwgk/zwgk. asp），我们进行了整理和分析。

三、广州市人口规模调控

广州亚运会期间的人口控制严格程度与上海世博会大致相当。2009 年 11 月，广州进一步强化在外来人口中推行居住证的力度，同时大力摸排清查城中村中的外来人口，大力拆除"房中房"。我们认为，间接导致广州人口减少的主要因素来自近几年来广州市实施的城中村改造运动。"城中村"经改造之后，高昂的租房成本迫使一部分外来人口离开广州，而转投其他城市寻求发

---

① 参见人民网（http：//finance. people. com. cn/GB/70392/8889213. html）《中国经济周刊》的农民工调查："2000 万人因金融危机失业返乡"。

展。由于我们无法取得像北京、上海等直辖市移动通信管理局的移动用户月度数据，我们转而采用广东省的移动用户月度数据对广州的总人口进行估计，以此推断亚运期间广州人口控制的效果。

　　根据广东省移动用户数量在春节前后的波动数据，进行 HP 滤波和趋势增长预测处理后得到广东省在 2008 年全球金融危机前后的外来人口变动信息。估计结果表明，广东省受外来劳动力制约非常明显，2009 年 3 月，广东省来自外省的劳动力减少了 579 万（见图 6 - 3）。自 2004 年之后，广东跨省外来劳动力流入强度持续减弱，外省劳动力占全国比例从高峰期的 35% 下降到 2010 年的 28% 左右，将 579 万除以 28%，推算 2008 年的全球金融危机使中国以农民工为主的劳动力就业机会减少了 2068 万个。另外，由于广州市外来人口约占广东全省的 25%，因此我们估计 2008 年的全球金融危机导致广州外来劳动力减少就业机会 145 万个。

　　相对金融危机导致外来人口的减少，广州亚运会期间的人口控制效果的影响非常少。广州亚运会期间的人口控制效果是图 6 - 3 中虚线与中间实线的直线距离，扣除广东省产业升级和转移以及深圳大运会的影响，我们估计 2010 年广州亚运会期间实施的人口规模控制仅减少了 20 万人。

　　经济学家一般认为，中国经济改革以来，通过一系列制度变革，资源重新配置带动了产品和生产要素市场的发育，促进了非国有经济的发展，国内投资结构的改善和外资的引进，对外贸易的扩大等，从而推动经济以前所未有的速度增长。经济学界普遍认为，物质资本、劳动力、技术和土地等生产要素及其有效组合是经济增长的源泉。中国经济发展到今天，物质资本对经济发展的制约逐步降低，而水资源、土地资源和气候资源以及劳动力供给的短缺越来越成为制约城市经济增长和发展的主要因素，甚至成为一些城市长短期发展的决定性因素。

　　如果将外来人口或流出人口考虑在内，中国城市人均 GDP 与全国人均 GDP 的差距就将大为缩小。进一步，如果将这些外来人口中的劳动力乘以平均抚养系数，则这一差距将更加减少，表明中国的市场化程度与国外平均水平并没有本质的差别。例如，日本东京人均 GDP 与日本全国人均 GDP 差距似乎是国外最高的，但从日本东京都市圈的情况来看，这一比值只有 1.22，即东京都市圈人均 GDP 只有日本全国平均水平的 1.22 倍。这种比较带给我们非常重要的启示：在市场经济框架下，一个城市的经济总量（GDP）与这个城市的人口总量成正比，人口规模越大，GDP 的规模也越大。

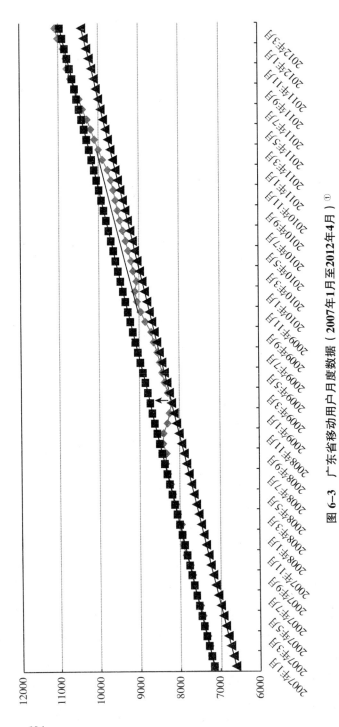

图 6-3　广东省移动用户月度数据（2007年1月至2012年4月）①

基础数据来源：广东省通信管理局行业统计信息（http://www.gdca.gov.cn/count/index.asp），我们进行了整理和分析。

第七章

发达国家城市人口调控经验及借鉴

一、日本城市人口调控

日本国土面积 37.78 万平方公里，人口 1.273 亿（2013 年），人口密度为 337 人每平方公里。1920~1975 年，伴随日本工业化进程，日本人口进入长达半个多世纪的增长（见图 7-1）。1945 年日本在第二次世界大战中战败，大城市遭受战火破坏，人口出现绝对减少，1945 年日本总人口比 1944 年净减少 106.6 万人。按 1950~1955 年时间序列估计的 1945 年应有人口比 1945 年实际人口多 475.6 万人，按照 1960~1970 年时间序列估计的应有人口比实际人口多 656.3 万人。

与日本全国人口变动相对应，东京、大阪等大城市人口减少得更快。1945 年东京人口比前一年减少了 378 万人，战败后的东京人口损失过半，仅为 1944 年的 48%。1945 年日本战败，城市几成废墟，大量城市人口不得不流往农村寻求生存。战后的 10 年间，日本人口又迅速由农村迁往城市（群），人口密集的东京地区县域人口更是猛增到 800 万以上；到 1966 年，千万级人口县域开始出现，到了 1975 年，东京都人口更是达到了 1200 万；1975 年即日本战后 30 年，日本人口的县域增长分布基本保持稳定，也标志着日本战后人口城市化步伐的放慢，日本步入成熟的城市化社会，区域增长与赶超的时代结束了。我们将东京、大阪、神奈川、爱知县、崎玉、千叶、北海道、兵库县和福冈等九个县域 1884~2000 年的人口增长绘成图 7-2，从图中可以看出，如无外力干扰，市场经济条件下城市（区域）人口增长（自然增长和机械增长）是一种 Logistic 曲线（或称为 "S" 形曲线）。在施加外力的情况下（如战争、强力

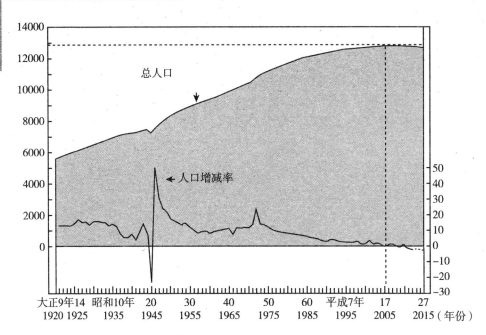

图 7-1　日本总人口及其增长率

资料来源：日本统计年鉴（2013年）。

行政人口控制），这种增长曲线会有一定的扭曲，而外部压力一旦放松或消失
（如日本战后人口的自由流动、北京奥运会之后的人口管制放松等），早期流
入城市的人口会迅速回流[1]。

　　战后日本出现两次人口增长高峰。第一个增长高峰是第二次世界大战结束
后的 1945～1950 年，五年内日本人口迅速恢复并迅猛增长，年均增长率最高
达到 5%；第二个增长高峰是 1970～1975 年，此次高峰是日本战后人口高增长
时期的人口再生育的自然延伸。1985 年之后日本进入低生育时代，年人口增
长率低于 1%。2006 年 8 月，日本总务省公布的动态数据显示，截至 2006 年 3
月 31 日，日本国内本国人口数量为 1 亿 2705 万 5025 人，比前一年度减少
3505 人。这是自 1968 年开展此项统计以来，日本人口数量呈现首次下滑，也

　　① 参见周晓津. 中国大城市人口规模调控研究//载潘家华，韩朝华，魏后凯主编：城市转型与绿
色发展——中国经济论坛（2012）文集 [M]. 北京：中国社会科学出版社，2014：517-547.

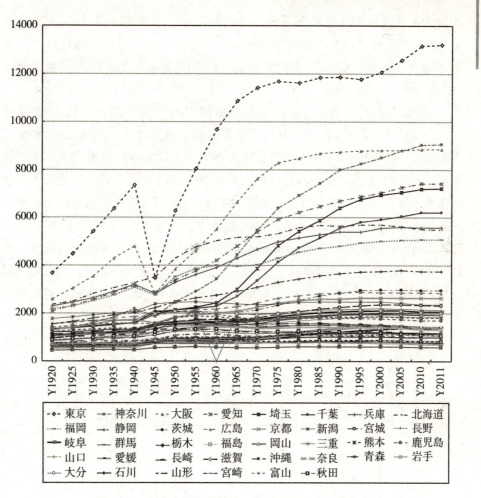

图7-2　日本主要县域的人口增长（1884~2000年）

资料来源：\ 日本统计年鉴 2013 \ www. stat. go. jp \ data \ nenkan \ pdf \ yhyou02. pdf.

是第一次有精确的动态数据证实日本人口出现负增长①。据日本国家人口和社会保障研究所估算，按照现在人口的递减速度，日本人口到 2048 年将从 2012 年的 1 亿 2730 万人减少到 9910 万，到 2060 年将减少到 8670 万人左右，大约

---

① 资料来源：新华网（2006 - 08 - 09），腾讯新闻"数据证实日本人口负增长"，http://news. qq. com/a/20060809/002659. htm.

1800 个地方自治体到 2040 年可能消失 523 个①。我们根据日本 2010~2012 年的人口序列推算，日本 2030 年将减少到 1.2 亿人；2048 年减少到 1.137 亿人，比 2010 年净减少 1500 万人；2060 年减少到 1.09 亿人，比 2010 年净减少 1881 万人。

东京是世界特大城市之一。东京总面积 2155 平方公里，下辖 23 个特别区、27 个市、5 个町、8 个村以及伊豆群岛和小笠原群岛。东京 23 区是东京市主城区，面积 621.81 平方公里，2009 年 1 月 1 日人口 874.30 万人，平均每平方公里 1.41 万人。东京符合城区人口在 500 万以上的中国特大城市人口规模标准。截至 2007 年 6 月 1 日，日本共有 12 个百万人口以上城市，北九州市和千叶市城市人口超过 90 万人，分别为 98.8 万人和 93.4 万人（见图 7-3）。除东京外，日本其他城市受地域限制都没有达到我国特大城市人口标准。然而，日本太平洋沿岸城市群从千叶向西，经过东京、横滨、静冈、名古屋，到京都、大阪、神户，形成东京、大阪、名古屋三个城市圈。日本城市群区域面

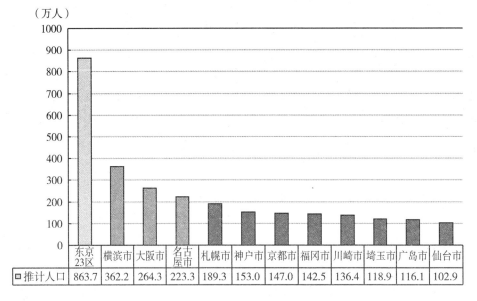

图 7-3 日本主要城市人口

---

① 资料来源：新浪财经（2014-06-06），"日本 2013 年人口负增长创纪录 50 年后只剩 8000 万人"，http://finance.sina.com.cn/money/forex/20140606/164719338569.shtml.

积3.5万平方公里，占日本国土面积的6%；人口将近7000万，占全国总人口的61%。排除城市空间限制，日本东京、横滨、大阪和名古屋是名副其实的特大城市。

相对国内的特大城市而言，东京城市人口增长相对缓慢，2009年至今其城市人口累计增加不到30万人，年均增量不到6万人。东京都区域面积2155平方公里，2013年人口1300余万，人口密度为6000人/平方公里。以东京市区为中心，半径80公里，东京都、崎玉县、千叶县、神奈川县共同组成了东京都市圈。东京都市圈总面积13400平方公里，占日本全国面积的3.5%；人口则多达3400万人，占日本全国人口的27%；GDP更是占到日本全国的1/3。东京都市圈人口密度为2500人/平方公里（见表7-1）。

表7-1　　　　　　　　　东京不同区域的面积及人口情况

区域名称	面积（km^2）	人口（万人）	人口密度（万人/km^2）
东京23区	621.81	874.30	1.41
东京都	2155	1300	0.60
东京都市圈	13400	3400	0.25

城市空间的自然扩张是东京人口疏散和控制的成功之道。相比国内特大城市狭小的主城区空间和受限的城市空间扩张，东京从20世纪中期开始实施"副中心"战略，分担东京的城市功能，建成了多个各具特色的综合型新中心，形成了"中心区—副中心—周边新城—邻县中心"的多中心、多圈层的城市格局，有效地缓解了由于人口密集造成的"城市病"，城市及周边地区呈现出全面繁荣的局面。除城市空间向城市行政区域扩张之外，城市群的扩张进一步扩大了东京这个特大城市的人口分布空间，日本东京都市圈被认为是复合型多功能综合性大都市圈，包括了东京、琦玉、千叶等8个都（县），形成了以东京为中心囊括周边80公里范围的都市群，起到了减缓人口向东京都市区集中的作用。

与城市空间扩张相对应，密集的东京大都市之所以能够在过去50年里持续发展，完善交通基础设施是关键。其结构性高速公路框架以及高密度铁路交通网络，对处理大城市高密度问题作用巨大，城市得以向外扩展，引导城市人口转向郊外，还使城市无法容纳的工矿企业得以迁入邻近农村，打通了城乡间的天然屏障，促进了农村城市化和大都市圈的形成。在城市交通系统支撑下，东京白天人口比夜晚人口多265万（2011年），意味着东京的城市交通每天承载至少265万的跨市人口上下班。

现代国际大都市一般都没有以明确的行政行为限制本国人口自由流动的法律。日本没有"户籍"，也没有限制人口流动的政策，但设立了类似"户籍"的"住民票"，并同社会保障相关联，辅以科学的信息技术，有效地对人口进行了管理。近年来，日本还出台了住民基本信息登记制度，不仅保证了人口有序流动，而且加强了政府与居民的关系。缩小区域差异是疏解大城市人口过度集聚的根本。日本以减少人口过度集中为目标，制订了"全国综合开发计划"，以振兴地方经济，促进中小城市发展。1980年，日本50万人口以下城市已占城市总人口的67.3%，大城市仅占32.7%。

二、德国城市人口调控

德国是世界上最为发达的资本主义国家之一，面积35.7万平方公里，拥有8221.78万人口（2007年底），其中约有725.54万外国人，约占总人口的8.8%。每平方公里的人口密度约为230人，是欧洲人口最稠密的国家之一，仅次于比利时、荷兰和英国。原西德人口占据新德国人口的80%以上；原东德地区五个新联邦州的人口只有1530万人，生活在大约1/3的土地面积上。

与日本城市相比，德国城市人口聚集程度相对较低。全德30万以上人口的城市仅20个，只有3个大城市人口超过百万规模（见图7-4）。柏林是德国最大的城市，有居民约342万人，每平方公里约3834人。其他的人口密集州有汉堡、不来梅等。德国近1/3的人口（约2500万）居住在82个大城市（10万居民以上），仅占德国全部人口的30.5%，其中三个传统意义上的百万人口以上的特大城市人口仅占全德人口的7.7%，远低于日本东京都市圈。大多数人居住在小城市和乡村，5050万人生活在居民为2000至10万人的小城镇里，占全德总人口的61.58%。在这样一个城市化率超过90%的国家，德国很少受到诸如交通拥堵、高房价、垃圾围城等"城市病"的困扰。在德国的中小城镇，其生活的便利程度与大城市并无二致，居民在本地可以找到大城市里几乎所有的一线品牌和全国连锁超市，水、电等公共基础设施建设都奉行高标准，街道整洁干净，店铺应有尽有，从苹果电子产品到耐克鞋，只要拐几个街角都能买到。

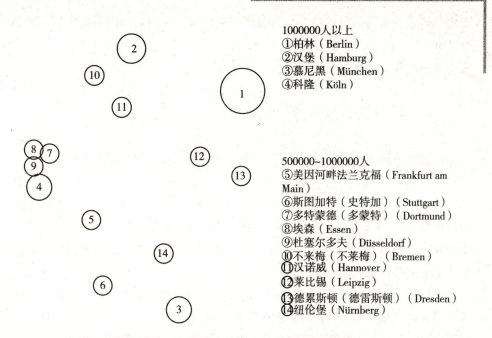

1000000人以上
①柏林（Berlin）
②汉堡（Hamburg）
③慕尼黑（München）
④科隆（Köln）

500000~1000000人
⑤美因河畔法兰克福（Frankfurt am Main）
⑥斯图加特（史特加）（Stuttgart）
⑦多特蒙德（多蒙特）（Dortmund）
⑧埃森（Essen）
⑨杜塞尔多夫（Düsseldorf）
⑩不来梅（不莱梅）（Bremen）
⑪汉诺威（Hannover）
⑫莱比锡（Leipzig）
⑬德累斯顿（德雷斯顿）（Dresden）
⑭纽伦堡（Nürnberg）

图7－4　德国50万人口以上城市分布示意图

第二次世界大战后，联邦德国政府确立了较为宽松的地方政策，允许各地依据本地特色制定文化和城市战略。德国人还吸取当年纳粹大肆扩建柏林城、使之成为战争策源地的教训，有意识地避免超级城市出现。1960年联邦德国通过的《联邦建设法》宗旨就是确保所有地区均衡发展和共同富裕。两德统一后，中小城镇模式得到进一步稳固。在联邦、州和市三级规划体系中，前两级规划主要是原则性制约，各市政府享有较大自主权，它们可在充分科学论证基础上，制定并实施符合自身特点的发展战略。没有"大一统"和"一阵风"，许多城市在建设时力求保持城镇原有的风格和特色，在此原则下修补、改造古旧建筑，更新基础设施，而不是推倒重来，或者以大吞小。

除了发达的公共基础设施外，德国中小城镇的居民所享受的教育、医疗和社会保障等公共服务无论在价格还是在质量方面都与大城市并无二致。德国是一个人口可以自由流动的国家，也没有户籍限制，强大的交通网络是支撑德国人口分散居住的不可或缺的条件之一。德国是世界上路网最密集的国家之一，铁路总长约3.8万公里，公路总长65万多公里，其中高速路1.2万公里。而德国南北最长距离不过876公里，东西直线距离640公里。总长可绕地球赤道17圈的铁路与公路纵横交织，将德国数千个分散的城镇联系在一起。此外，承担全德近一半交通运输量的高速公路全程免费,大多数路段无限速,一般城市又有地铁、公交车、有轨电车等多种公共交通可供选择。这一切都为人员和资源的快速移动提供了坚实基础。

三、美国城市人口规模调控

美国作为后起的资本主义国家,其城市化初级阶段约比英国落后 80 年。1880 年美国城市化率为 28.2%,而英国早在 1801 年的城市化率就已经达到 33.8%。但到了 1970 年,美英两国的城市化率基本达到同一水平,其中美国城市化率为 73.5%,英国为 77.1%。在美国城市化的发展过程中,几乎没有受到战争、自然灾害等外在因素的影响,政府的干预也非常有限,因此美国城市化是主要是靠经济的内在推动。

如果 20 世纪 20 年代末 30 年代初的经济危机没有发生,美国的城市化率和城市人口的增长趋势将呈现完美的 Logistic 曲线(见图 7-5)。从 1850~1930 年的 80 年间,美国城市化率年均增加 0.4%,考虑到期间美国总人口的快速增长,城市人口增长的速度更快。经济大萧条使得美国的城市化进程几乎停滞,1940 年美国的城市化率只比 1930 年增加了 0.01%,不及 1850~1930 年年均增速的 1/40。

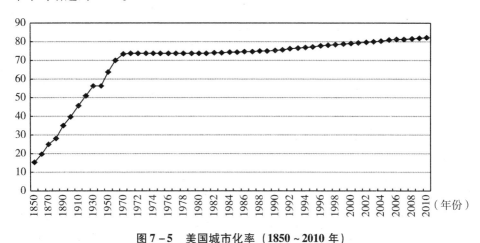

图 7-5 美国城市化率 (1850~2010 年)

20 世纪 40~50 年代是美国经济发展的黄金时期,其城市化率年均增速高达 0.73% 和 0.63%。20 世纪 70 年代由石油危机而引发的全面经济危机再次使得美国的城市化处于停滞。20 世纪 90 年代的信息技术革命再次引爆美国的城市化浪潮，90 年代初期的美国城市化率年均增速再次高达 0.4%，到 2010 年，美国城市化率达到 82.3%，增速仍旧高达 0.3%。

　　长期来看，经济发展几乎是一个国家城市化进程的唯一推动因素。从英美日等发达国家的城市化经验来看，在城市化率超过 70% 之后，这个国家的城市化进程就变得相对平缓，甚至会有逆城市化现象的出现。例如，20 世纪 70 年代的经济危机就曾导致英美日三个国家的城市化率下降或停滞（见图 7-6）。2010 年中国第六次全国人口普查结果显示，中国有 6.7 亿城镇人口，2.6 亿流动人口，两者合计占中国大陆总人口 13.4 亿的 69.4%[①]。在改革开放 30 多年之后，中国的流动人口已经相对稳定，这股城市人口增长洪流稳定之后，特大城市人口增长也将进入相对稳定时期，其人口规模控制动力也将相对减缓[②]。

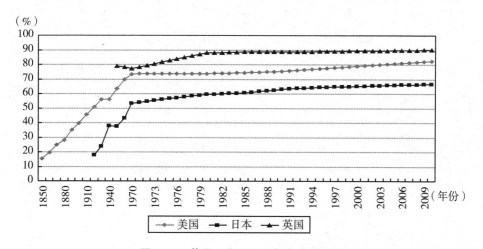

图 7-6　英国、美国和日本的城市化率

　　随着城市化水平的提高，中心城市规模越来越大，从而产生一系列"城市病"，诸如交通拥挤、地价飞涨、环境污染、人居环境恶化等。"城市病"的产生形成了一股城市"外溢"的力量，其动力是产业结构升级和城市郊区

---

　　① 考虑到少数民族地广人稀，其人口流动性远不如汉族人口，而少数民族占中国总人口约为 10%，由此看来，中国城镇实有人口已经占到可城镇化人口的 77.1%。

　　② 乡村调查发现，计算在常住人口之内的农村人口中绝大多数在外工作，实际留下来的基本上是老年人口，很多自然村庄实有人口不及统计常住人口的 30%。在中小学开学期间，大量居住在农村的少年儿童到城镇就学，留守的父母或爷爷、奶奶也跟随到城镇陪同。农村中小学学生严重流失，教师与留守学生坚守。

化。科技进步是产业结构升级的主要推动力，汽车步入家庭则为城市郊区化提供了现实可能，政府的城市人口引导，如规划建设"绿带"和"卫星城"或"新城"则起到了有力的推动作用。与此同时，美国大力推进城郊一体化的基础设施网络建设，包括轨道交通、高速公路、航空枢纽、海港枢纽、能源供应、水资源供应、污水处理和垃圾处理等，20 世纪六七十年代美国就基本上高质量地完成了基础设施网络。伴随郊区化进程，美国联邦住房管理局和退伍军人管理局对大规模住房建设提供支持和促进，人寿保险公司、储蓄与信贷机构、互助储蓄银行和其他金融机构为郊区化提供了大量的融资①。

受城市空间和所辖区域的影响，城市的自然扩张已经越过区域限制而形成城市连绵区—城市群。目前美国人口主要分布在东北部—五大湖地区城市群、西部洛杉矶—旧金山城市群和南部的休斯敦—达拉斯—新奥尔良城市群（见表 7 - 2）。早在 20 世纪 60 年代，美国东北部—五大湖区城市群就与西欧城市群、日本东京—大阪城市群并称世界三大城市群。

表 7 - 2　　　　　　美国 TOP25 大城市人口排名（2010 年）　　　　单位：人

序号	城市	州名	人口数
1	纽约（New York）	纽约州	8175133
2	洛杉矶（Los Angeles）	加利福尼亚州（California）	3792621
3	芝加哥（Chicago）	伊利诺伊州（Illinois）	2695598
4	休斯敦（Houston）	得克萨斯州（Texas）	2100263
5	费城（Philadelphia）	宾夕法尼亚州（Pennsylvania）	1526006
6	凤凰城（Phoenix）	亚利桑那州（Arizona）	1445632
7	圣安东尼奥（San Antonio）	得克萨斯州	1327407
8	圣地亚哥（San Diego）	加利福尼亚州	1307402
9	达拉斯（Dallas）	得克萨斯州	1197816
10	圣何塞（San Jose）	加利福尼亚州	945942
11	杰克逊维尔（Jacksonville）	佛罗里达州（Florida）	821784
12	印第安纳波利斯（Indianapolis）	印第安纳州（Indiana）	820445

①　搜房网（2013 - 06 - 05）- 美国房地产市场的历史及现状，http：//www. fang. com/news/2013 - 06 -05/10253750_ all. html.

序号	城市	州名	人口数
13	旧金山（San Francisco）	加利福尼亚州	805235
14	奥斯汀（Austin）	得克萨斯州	790390
15	哥伦布（Columbus）	俄亥俄州（Ohio）	787033
16	沃思堡（Fort Worth）	得克萨斯州	741206
17	夏洛特（Charlotte）	北卡罗来纳州（North Carolina）	731424
18	底特律（Detroit）	密歇根州（Michigan）	713777
19	埃尔帕索（El Paso）	得克萨斯州	649121
20	孟菲斯（Memphis）	田纳西州（Tennessee）	646889
21	巴尔的摩（Baltimore）	马里兰州（Maryland）	620961
22	波士顿（Boston）	马萨诸塞州（Massachusetts）	617594
23	西雅图（Seattle）	华盛顿州（Washington）	608660
24	首都	哥伦比亚特区（District of Columbia）	601723
25	纳什维尔（Nashville）	田纳西州	601222

资料来源：2010年美国人口普查。

到20世纪90年代，中印两国崛起，中国东部沿海城市群和印度北部城市群成长为世界级城市群（见图7-7）。全球城市化发展导致欧洲、北美和日本城市群地位相对下降，而中国东部城市群、印度半岛城市群、中东城市群、南美东南部城市群和西非城市群等发展中国家和地区城市群日益发展壮大。按中国城区人口500万以上标准来衡量，目前美国只有纽约达到特大城市人口标准。由于美国人口不到中国的1/4，按同比例推算，未来中国出现3000万以上的特大城市亦在情理之中。在美国城市演化过程中，城市人口并非一味地增长，支撑城市化进程的关键因素还是产业，即经济及技术的发展对城市人口规模大小起主导作用。1950～2010年，圣路易斯由86万人减少到32万人，下降63%；底特律由185万人减少到71万人，下降61%；克利夫兰由91万人减少到40万人，下降56%；巴尔的摩、芝加哥、费城等城市人口减少也较明显。同期，也有部分城市人口在增长，如洛杉矶由197万人增加到379万人，增加了92%；纽约由789万人增加到818万人，增加了4%。

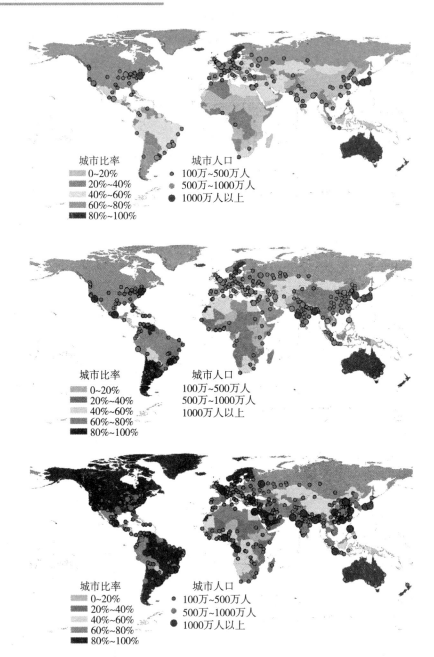

图7-7　全球城市化率、城市群及其规模等级（1970年，1990年，2014年）

资料来源：联合国经济及社会事务部人口分部《全球城市化展望（2014）》，http：//

esa. un. org/unpd/wup/Maps/CityDistribution/CityPopulation/CityPop. aspx.

在经济因素起主要作用的同时，纽约的城市人口调控也给我国城市人口调控可资借鉴。首先，利用价格和税收等经济因素的直接调控。纽约政府实行了差别地价和税价，严格限制的市区征税标准高，鼓励发展的郊区征税标准低，以促进新产业按城市规划要求定向布局。伴随着人口的郊区化，大型零售业（如商城、超市）也开始向郊区迁移。其次，以法律手段作为成本杠杆，实现人口准入及分类管理。美国纽约州出台了《1901 年出租房屋法案》，此法律针对纽约市制定了比先前法案更为严格的强制条款，包括对电灯、卫生、通风设备和试用期的要求，还对新住房及其维修标准以及对建造不合格房屋进行了定罪。再次，以快速交通的建设，扩大人口分布和职业通勤范围。纽约的高速公路建设为中心城区的人口疏散做出了极大的贡献。纽约的城市高速公路建设施从城市周边的外环路和辐射路开始，然后逐渐构建连接各个城市群的高速公路网络。同时，美国的汽车保有量高，便利的交通为人口和产业向郊区转移提供了极好的条件。最后，以卫星城、次中心城区的住宅规划吸纳人口。纽约制定住宅政策引导人口郊区化。美国联邦政府给在郊区购房和租房的居民许多优惠条件，包括更优惠的贷款利率、更低的贷款门槛和更便利的抵押方式等，以引导大家在郊区生活和居住①。

---

① 参见：宋迎昌，裴雪姣. 特大城市人口调控的国际经验［OL］. 人民网－人民论坛（2013 － 03 － 06），http：//theory. people. com. cn/n/2013/0306/c112851 － 20698497 － 2. html.

第八章

特大城市转型升级的人口
制约因素分析

一、农民工供给面临长期短缺

周晓津（2011）将不同时期的转移劳动力连接成线，发现其竟然是一条逻辑斯蒂人口转移模型，并给出逻辑斯蒂人口转移模型：

$$\mathrm{TL}_t = \frac{36432}{1 + 69 \times e^{-(t-1978) \times 0.20086}} \qquad (8-1)$$

根据周晓津（2011）提供的 1978～2007 年的 Logistic 曲线并增加 2008～2013 年的相关数据后，可以大体推算出 1978 年以来我国的非农劳动力供应增长率。由图 8-1 可以看出，在 2003 年以前，我国历年经济增长率都没有超过非农劳动力供给增长率，意味着经济增长不能满足劳动力增长的需要，劳动力严格过剩。这完全与中国的实际情况相符合。1988 年之前，在农村改革的推动下，农村隐性剩余劳动力大量释放，但依然被束缚在农村，农村进城规模相对不大。在沉寂了 4 年之后，中国市场化改革步入正轨，农村劳动力大量涌入沿海地区及城镇地区，自 1992 年起年年形成农民工大迁移潮流。

2003 年，中国经济年增长率首次超过非农就业劳动力的供给增长率，农民工过剩从此变成农民工短缺并成为一种长期趋势。起初不少学者认为中国依旧有大量的剩余劳动力，并认为农民工短缺将只是一种暂时现象，事实证明这些判断是错误的。不可否认，在经济增长率超过非农劳动力供给增长率的 2003 年，整个劳动力市场依然有一部分过去经济增长没有吸纳的非农劳动力，但这些劳动力很快将被快速增长的经济所吸纳。

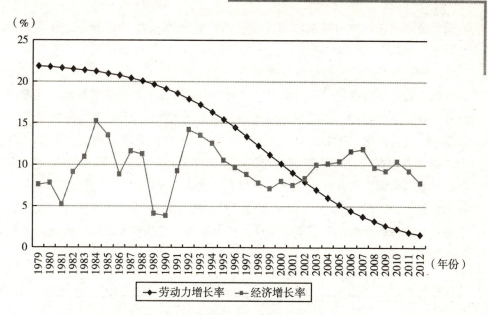

图 8 – 1　中国非农就业劳动力增长率与经济增长率（1979～2012 年）

　　经济学理论表明：在劳动力供给不足的情况下，工资必然上升。从图 8 – 2 可以看出，2003 年以来我国农民工工资持续增长。2008 年的金融危机导致经济的就业吸纳能力下降，工资增长放缓，但 2010 年之后年工资增长率又恢复到 10% 以上的水平。2007 年之前，工资增长率低于货币供应增长率，

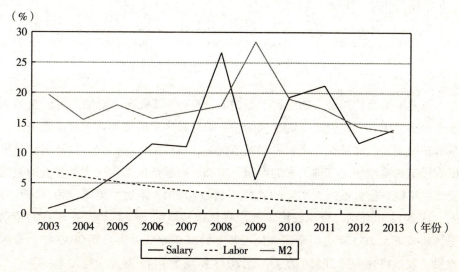

图 8 – 2　劳动力、工资与货币供应年增长率（2003～2013 年）

表明经济依旧在调整中吸纳以前没能吸纳的剩余劳动力；2007 年之后，工资增长率与 M2 增长率相对同步，表明此经济增长已经将社会中剩余劳动力基本吸纳完毕，货币的增发将会推高通胀。

在非农劳动力供给增长远低于经济增长率的情况下，经济增长速度放慢就成为一种必然的趋势。根据国家统计局抽样调查结果，2013 年全国农民工总量 26894 万人，比上年增加 633 万人，增长 2.4％。如果将调查的"六个月以上"因素考虑在内，2013 年全国农民工实际增长率估计值只有 1.28％！若不存在产业结构调整或升级，中国经济增长将落入 2％ 以内的"新常态"。在这种大背景下，广州自 2005 年以来农民工总量逐年减少（见图 8－3），以农民工为主要来源的产业面临长期的劳动力短缺压力。这些产业也是广州城市转型升级的重点产业。

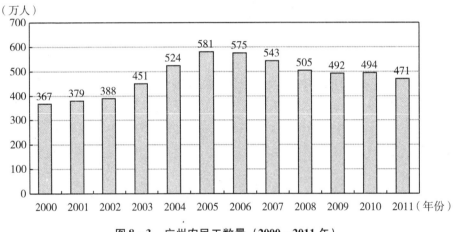

图 8－3　广州农民工数量（2000～2011 年）

虽然国家统计局公布的农民工数量自 2008 年以来连年增加，但增长的幅度逐年下降了。更应引起人们重视的是：统计数字上的增加并非外出农民工数量真正增加了，而是在外来农民工城镇沉淀、统计范围的扩大、符合统计标准的农民工数量增加这三种因素的作用下增加。根据全国第六次人口普查的数据及农民工调查报告推断：实际的农民工数量在 2013 年达到顶峰，为 27976 万人。从 2012 年开始，全国农民工数量将呈现长期的下降趋势。在现有的劳动退休政策下，2033 年之后全国农民工每年将减少 600 万人。到 2040 年，全国农民工数量将减少到 20530 万人，比 2013 年减少 7446 万人（见图 8－4）。

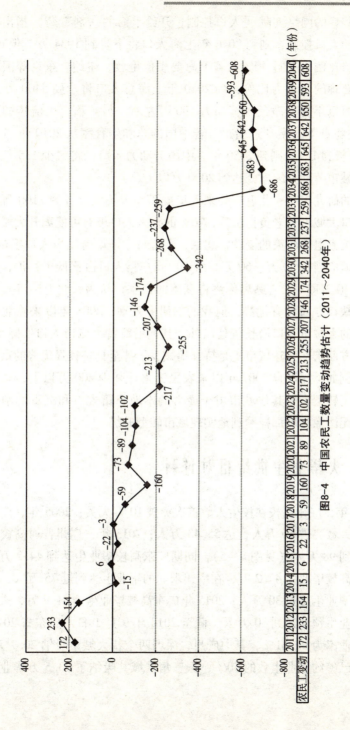

图8-4 中国农民工数量变动趋势估计（2011~2040年）

年份	2011	2012	2013	2014	2015	2016	2017	2018	2019	2020	2021	2022	2023	2024	2025	2026	2027	2028	2029	2030	2031	2032	2033	2034	2035	2036	2037	2038	2039	2040
农民工变动	172	233	154	15	6	22	3	59	160	73	89	104	102	217	213	255	207	146	174	342	268	237	259	686	683	645	642	650	593	608

流传甚广的网络文献《人口控制，开给上海的一剂毒药》指出，若上海实行严格的人口控制，则到 2040 年上海人口将下降到 1934 万，但 60 岁以上的老年人口比例将超过 40%；若上海要想像伦敦、纽约、东京等国际大都市一样保持合理的劳动力比例，到 2040 年上海总人口将达到 5400 万，自 2015 年开始上海每年需要净迁入劳动力 100 万左右。另一篇广为流传的网络文献《逃离你终将衰落的家乡》指出，若中国的总和生育率从 2010 年"六普"时的 1.18 上长到 1.7，则到 2050 年，中国劳动力人口仍将减少 1.5 亿，其中北上广三个城市劳动力缺口就达到 2000 万以上。

我们的研究表明，北上广外来人口规模相差不大，皆为 1100 万左右。由于外来人口大城市养老负担沉重，70% 的外来人口极有可能离开大城市回乡养老，加上国家退休政策的变动，北京、上海每年净增劳动力人口很难达到 100 万，实际值应当在 50 万~60 万。由于广州户籍人口占比低于京沪，实际每年净流入值 40 万即可。《逃离你终将衰落的家乡》认为，北上广等大城市在填补劳动力缺口方面具有优势，但我们的研究发现，2008 年以来除北京以及中西部地区的大城市人口增长较猛以外，其他沿海特大城市人口实际增长乏力。在农民工方面东部发达城市更是持续地减少，甚至具备较强优势的京沪穗深也不例外。例如，深圳自 2007 年以来农民工累计减少 200 万以上，虽然深圳成功地实现了转型，但其他城市由于庞大的本地户籍人口和沉重的刚性财政支出，因而无法像深圳那样顺利地实现城市转型升级。

二、大毕业生供给相对过剩

1997 年，广州高校在校生人数首次突破 10 万大关；2005 年，广州普通高校在校生人数突破 50 万人，达 55.43 万人；2013 年，广州普通高校预计在校人数将达到 98 万人（见图 8－5），同期广东高校毕业生达到 44.2 万人。2014 年，广东高校毕业生 47.2 万，在广州求职的毕业生达到近 75 万人，其中非广州籍高校毕业生超过 30 万人；2015 年广东高校毕业生为 51.9 万，来广州求职的高校毕业生预计达到 80 万人。截至 2014 年 9 月 1 日，广东省 2014 届高校毕业生就业率为 94.61%，其中广州、深圳两个特大城市吸纳 20.7 万毕业生，占广东省已签约毕业生数的 50%，珠三角区域共吸纳了 33.5 万毕业生，占广东省已签约毕业生的81%①。2013 年，广州、深圳两个特大城市 GDP 占广东省的47.6%，珠三角9市 GDP 占广东省的85.4%；将外省高校毕业生就业计算在内，广州、深圳两个特大城市吸纳高校毕业生占广东省50% 以上，高校毕业生向特大城市就业的趋势十分明显。

普通高校在校生人数的迅猛增长，必然会对广州大学毕业生就业造成较为长期的压力。广州市劳动就业服务管理中心、华南师范大学人力资源研究所联合发布2013 年上半年广州市就业景气指数②。数据显示，截至2013 年6 月底，在广州市就业中心登记的"离校未就业"的上届高校毕业生仍有1393 名，是2012 年的3.54 倍，高校毕业生就业状况堪忧。

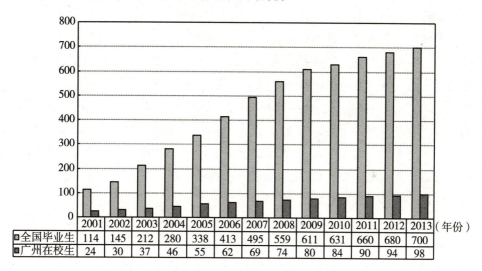

	2001	2002	2003	2004	2005	2006	2007	2008	2009	2010	2011	2012	2013
全国毕业生	114	145	212	280	338	413	495	559	611	631	660	680	700
广州在校生	24	30	37	46	55	62	69	74	80	84	90	94	98

图 8－5　广州普通高校在校生人数与全国高校毕业生人数（2001～2013 年）

另外，由于有外地大学生来广州求职，加上广州本地学生数量众多，导致广州市大学生供给量很大，2013 年在广州求职的高校毕业生接近30 万人，同比增长20%。就业景气指数表明，产业结构、劳动力结构不合理导致高校毕业生就业困难。广州就业吸纳能力强的低端产业难以为高校毕业生提供良好的就业前景，同时，技术密集型行业岗位发展缓慢、增量少，无法满足高校毕业生的就业需求。劳动力结构不合理也影响到高校毕业生就业。在初级岗位上技

①　资料来源：广州日报（2014－11－25），GUANGZHOU NEWS A17.

②　资料来源：新华网（2013－08－04），广州：高校毕业生离校未就业人数同比增2.5 倍. http://news.xinhuanet.com/edu/2013－08/04/c_ 116802316.htm.

术型人才供不应求，管理型人才竞争激烈。

上海交大公共关系研究中心与上海交大社会调查中心联合发布《2014中国大学生城市形象及择业倾向调查报告》，调查涵盖了中国33个城市（21个省、4个直辖市、4个自治区和香港）的123所高校的12000余名在校大学生、研究生。结果表明，在受访大学生中，选择在二线城市发展的比例最高，为57.2%；其次是北上广，占比29.5%；选择三线城市的比例为9.4%；选择国外、港澳台、乡镇和四线城市的比例分别为6.6%、3.1%、1.6%和1.5%。

调查显示，大学生受教育程度越高，越倾向于选择北上广、港澳台及国外发展。非农业户口大学生更倾向于选择经济发达地区工作。就不同专业学生来说，文科生倾向北上广和港澳台，理科生倾向国外。医科学生更愿意去二线城市，农科学生选择三四线城市和乡镇较多。分性别看，男生更倾向于去北上广等发达城市发展，而女生更愿意选择二线城市。分区域看，东部地区学生倾向于选择北上广等发达城市，西部地区学生更愿意去二三四线城市及乡镇工作。985高校大学生更倾向于去北上广和国外等经济发达地区发展。调查发现，月消费支出越高的大学生越倾向于北上广、港澳台及国外；月消费支出越低的大学生越倾向于三四线城市及乡镇。每月消费支出在2500元以上的受访大学生更倾向于选择北上广，比例为41.4%。调查还发现，生活费用来源以奖助学金和校内兼职为主的大学生择业时更倾向于选择二线城市，占比分别为59.3%和59.1%；在选择三线城市的大学生中，生活费用来源以兼职为主的占比较高，分别为13.5%和11.4%；在选择北上广的大学生中，以奖助学金和父母亲友资助为主要生活费用来源的占比较高，另外，以父母亲友资助为主要生活费用来源的大学生倾向于去国外工作的比例也是最高的，为6.7%。

同样，来自某就业网站发布的《2014年应届毕业生就业调研报告》显示，有41.3%的高校毕业生希望到北京、上海、广州就业，希望到省会城市就业的比例也高达54.2%，两者合计占到95.5%，意味着北上广和省会城市中的特大城市受过高等教育的大学生人口将持续增加；另外，由于高房价和高生活成本的现实压力，以及特大城市因投资增速下滑导致就业吸纳能力不足，应届毕业生的实际就业地有所变化（见图8-6）。

2014年，全国高校毕业生高达727万人，按实际就业地比率计算，涌向北上广等特大城市就业的大学生将超过200万人。由于高校毕业生就业主要流向服务业，因此我们可以用2013年北上广各城市服务业增加值占北上广服务

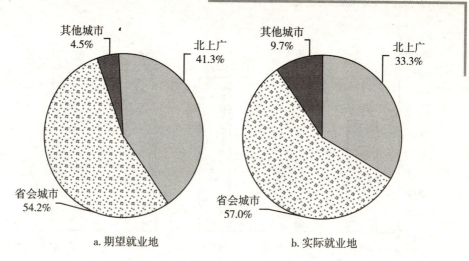

a. 期望就业地　　　　　　　　b. 实际就业地

图 8-6　高校毕业生"期望就业地"与"实际就业地"调查数据

资料来源：广州日报（2014-09-16），《留在北京：宁做奔走的五花肉》。面对高企的房价和生活成本，北上广校学生留北上广工作仍是主流，但就业地域多元化已是不争的事实。

业增加值比例来推算 2014 年北上广吸纳高校毕业生就业数量。2013 年，北上广服务业增加值分别为 14986.5 亿元、13445.07 亿元和 9963.89 亿元，占北上广三市服务业增加值（38395.46 亿元）比重分别为 39.03%、35.02% 和 25.95%。2014 年北上广吸纳高校毕业生总数为 242.3 万人，其中北京、上海、广州分别吸纳高校毕业生数量为：94.57 万人、84.85 万人和 62.88 万人。考虑到调查对象主要是一本二本高校，同期全国一二本占高校毕业生比率为 50%，因此应将上述数据进行调整，调整后的北京、上海、广州在 2014 年接收的高校毕业生就业数量分别为：47.3 万人、42.4 万人和 31.4 万人，可见北上广三大城市每年人口增加压力非常大。

　　来源于广州人社局的数据表明，2009~2013 年，广州市共接收 187613 名非广州生源的大学生入户，且接收大学生入户数量呈现逐年递增趋势（见图 8-7）。2013 年入户广州的大学生 49% 为广东省内户籍，其次为湖南（8%）、湖北（6%）、江西（5%）、河南（4%）、广西（3%）、山东（3%）、四川（2%）、安徽（2%）等外省户籍。

　　根据爱拼网对超过一万名中大毕业生的就业统计情况显示，中大 55.27% 的毕业生选择了广州，14.88% 的毕业生去了深圳。与省内其他高校不同，作

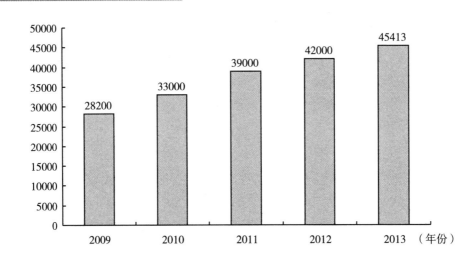

图 8-7　非广州生源大学生入户广州数量（2009~2013 年）

为全国综合性大学，中大前往北京、上海的比例也很高，分别有 4.47% 与
4.11%，远高于省内其他高校①。这意味着接近 8 成的中大毕业生选择了北上
广深等特大人口城市。同为重点的华南理工大学毕业生情况与中大差不多，其
就业中心提供的数据显示，2012 年本科毕业生留广州工作的比例为 42.2%，
去深圳的为 14.1%；2013 年留广州工作的比例上升到 46.35%，去深圳工作的
则下降到 12.55%。

　　来自中国南方人才市场管理委员会办公室的信息显示，近年来外地生源广
州就业的人数稳定在 20 多万，加上 5 万多广州本地生源，南方人才市场每年
接纳的毕业生在 26 万~30 万人。2014 年广州高校大学毕业生 20 万左右，其
中留在广州就业的 10 万左右，加上外省高校毕业生来广州就业，广州吸纳高
校毕业生就业总数超过 30 万人，与我们前面的估计基本一致。据估计，入户
广州大学生仅仅占求职人士的 10%~15%，按此口径推算广州每年吸纳的高
校毕业生也在 30 万左右。

　　2009 年以来，随着中国经济的迅速发展和人们就业观念的转变，杭州成
为继上海、北京之后深受白领欢迎的就业城市，广州、深圳不复当年风光，跌
出前三甲。被媒体评为"中国第五城"的成都，近年来在西部发展中独领风
骚，吸引了众多白领，和深圳并列第五名（见图 8-8）。虽然高校毕业生在广

---

① 资料来源：广州日报（2014-09-19），"留在广州：入户大学生 5 年涨 6 成"。

州的人口增长中所占比重越来越大，从人口规模控制的角度来讲似乎应该对高校毕业生广州就业加以限制，但从长远发展来看，广州应创造更多的机会来吸引大学生到广州就业，以提升广州的城市竞争力。

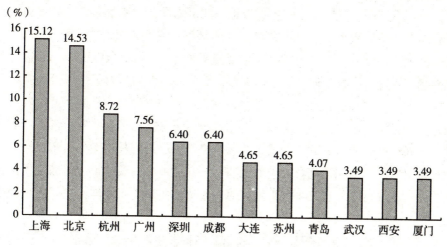

图8-8　中国城市就业吸引力排行（2013年）

原始数据来源：中国教育在线（http：//career. eol. cn, 2013-11-04）。

中国城市就业吸引力调查显示，城市现代化程度（47.67%）、城市大经济环境促进个人事业发展（46.51%）、薪酬水平高低（42.44%）、信息开放度和流通性（40.11%）、气候环境好坏（43.02%）成为白领做出抉择的五大影响因素。此外，学术氛围和文化底蕴也是影响因素，约有30.81%的白领希望在文化气息浓郁的城市就业。在中国，"有关系好办事"的习惯在职场中同样适用，因此很多人选择了有亲朋好友的城市就业，占23.25%；还有25.58%的白领在意生活的舒适程度，工作节奏不可太快也不可太慢，生活便利；12.21%的白领为了和爱人团聚，去对方所在的城市开展自己的事业；还有18.60%的白领更具长远眼光，如果该城市对子女教育有益，也会列入考虑之中。由此看来，人们对工作和生活的态度越来越理性，不仅需要事业有所成就，家庭生活美满同样不可或缺。值得一提的是，只有12.2%的白领把城市的就业政策和劳动保障服务优劣列入考虑因素。

与上述调查相对应，广州未来要提高对优秀大学毕业生的就业吸引力，就应该在加强如下几个方面的工作和环境建设：一是继续推进广州城市现代化建设，提升城市现代化水平；二是营造大学生创业创新环境；三是大力推进智慧广州建设，架设全市高速信息基础设施网络，实现城市无线网络全覆盖；四是通过疏散中心城区人口，增加公共设施用地，逐步将中心城区老化房屋改造成城市绿地；五是加快广州世界文化名城建设，提升城市文化素养。

从国内知名高校毕业生主要就业地的比例来看（见图 8-9），广州对这些高校毕业生的就业吸引力排在北京、上海、深圳之后，居四个一线城市末位。北京和上海两大城市几乎对所有知名高校及各大专业都有较强的吸引力，而深圳对理工科院校高校毕业生吸引力较强，广州的吸引力只对邻近省份的高校具有一定的吸引力。值得注意的是，深圳专门列出知名高校毕业生优先入户名单，广州则没有。广州对邻近省份人才的吸引力可能源于这些省份已有不少亲朋好友在广州就业，这种近亲式人才吸纳将损害广州的长期竞争力。虽然中西部城市对其所在地知名高校吸引力普遍弱于北上广深一线城市，但随着中西部城市经济迅速增长，近年来西部城市对高校毕业生就业吸纳能力呈现逐步增强之势。

2009 年，深圳市人事部门对接收市外高校非生源毕业生政策进行了调整，将应届毕业生办理接收入户范围从本科以上学历扩大到普通高校专科以上毕业生。高校毕业生所属院校范围，由 50 所增加至 80 所。深圳市人事部门在审批时对用人单位属于深圳市金融企业、经深圳市有关主管部门认定且仍处于有效期内的高新技术企业、重点物流企业、重点文化企业的用人需求给予优先满足，对用人单位主营业务属于深圳市当年度发布的《深圳市产业结构调整优化和产业导向目录》鼓励发展类产业的企业用人需求给予重点扶持。深圳人才政策的调整为城市转型提供了人才和劳动力保证。

2008 年以来，在农民工对特大城市人口增长压力退去的同时，大学毕业生群体适时地填补了民工潮退去的空白，使国内不少特大城市人口依旧保持增势，加上人口统计口径的变化，特大城市人口持续增长似乎成了现实。然而事实并非如此，根据全国第六次人口普查数据，国内大学毕业生将在 2015 年形成高峰，自此之后大学毕业生人数也将锐减。在 1990 年出生的人口完成大学毕业后，1991 年出生的人口比 1990 年减少近 700 万人，1997 年出生的人口比 1990 年高峰时期更是减少了近 1300 万。因此，自 2015 年之后，以往相对过剩的大学毕业生也将会变成绝对短缺，大城市之间的大学毕业生争夺也将如同争夺农民工一样激烈。这种争夺战将在 2018 年开始白热化，针对大学毕业生的

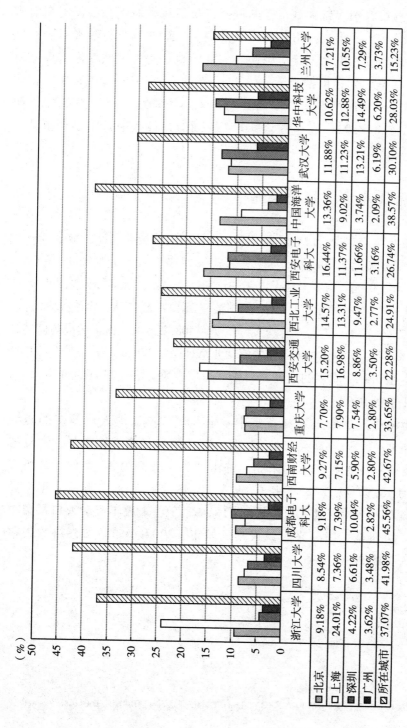

图8-9 全国部分二三线城市知名高校毕业生主要就业地情况

资料来源：2014年iPIN.com中国大学各院系近10年就业大数据。参见广州日报（2014-09-20）大学生回流系列观察之二线城市篇——"留在二线 工作性价比高；亲朋在侧 生活舒适度佳"。

很多优惠措施将在很多特大城市不断推出，虽然特大城市在整体上相对中小城市更有吸引力，但以高房价为代表的高昂生活成本将放慢大学生进城的步伐，而经济新常态下的地方财政收入放缓也使得各大城市地方政府对吸引包括大学毕业生在内的劳动力人口力不从心。2018～2033年，在劳动力退休年龄不变的情况下，中国劳动力年均短缺800万，2033年短缺1734万（见图8-10）。在这种趋势下，中国的人口政策必将会有重大调整和转折。

三、未成年人人口持续增加

根据2013年广东省人口变动抽样调查分城乡加权结果推算，2013年年末广东0～17周岁流动人口规模约447万人，与2010年相比，增加38.6万人。2010～2013年，0～17周岁流动人口年均增长率为3%，远高于同期常住人口增幅（0.67%）。数据显示，广东未成年流动人口规模庞大，且主要来自农村。2010年，全省0～17周岁流动人口规模为408.4万人，占全国同龄流动人口总量的11.4%；其中0～14周岁的流动儿童规模为273.8万人，占全国总量的12.0%。在0～17周岁的流动人口中，户口性质为农业户口的占84.1%，非农户口只占15.9%[①]。

未成年流动人口流入地分布集中。全省未成年流动人口最多的是深圳，占全省0～17岁流动人口的22.31%。广州位居全省第2位，占全省0～17岁流动人口的19.2%。东莞、佛山和惠州分列第3～5位，其所占比例分别为13.97%、8.87%和6.79%（见图8-11）。5市未成年流动人口占全省0～17岁流动人口总量的71.1%，8成未成年流动人口都集中在珠三角。深圳是全国外来人口最多的城市，2007年非本市户籍的人口占全部总人口的90%。

---

① 资料来源：搜狐新闻（2014-09-08），http://roll.sohu.com/20140908/n404144879.shtml.

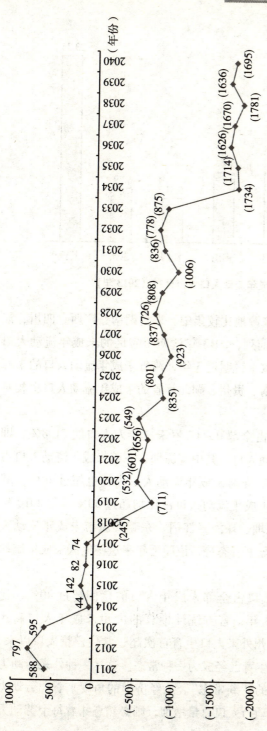

图8-10　中国劳动力数量变动趋势估计（2011～2040年）

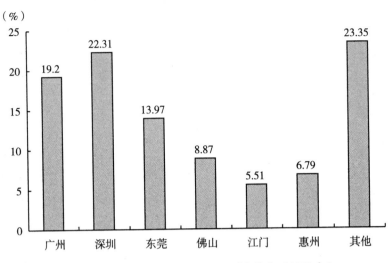

图 8-11 广东省未成年流动人口城市分布（2013 年）

全省 0~17 岁跨省流动人口来源地比较集中，来自湖南、广西、四川、江西四省区的未成年流动人口位居前列，2013 年这四个省区的未成年流动人口占比约六成，这与普查的结果一致。说明近 3 年，跨省未成年流动人口的来源地格局基本未发生改变。来自河南、贵州、湖北等省的未成年流动人口也相对较多。

2013 年全省未成年流动人口占全部 0~17 岁未成年人人口的 21.8%，即平均 5 个未成年人中有一个是流动人口。其中，深圳、东莞未成年流动人口占同龄人口的比例超过 60%。广州、珠海未成年流动人口占比也超过 40%。其他珠三角地区城市，除肇庆外，未成年流动人口占比均超过 30%。与 2010 年人口普查相比，2013 年广州、深圳、珠海、江门、东莞等城市未成年流动人口占当地未成年人口的比重呈明显上升态势，说明近年来这些地区未成年流动人口集聚趋势更加明显。

2013 年，广州未成年流动人口占全部未成年人口的比例超过 40%，比2010 年增加 20 个百分点。2013 年，官方统计推算的广州未成年人口高达85.82 万人。另外，自 2005 年广州外来人口生育首次超过常住户籍人口以来，外来人口生育超过常住户籍人口生育已经成为一种常态。这是一种外来劳动力人口总量并没有增加甚至减少下的"新常态"。从经济学的角度来看，劳动力总量下降甚至保持不变，而非劳动力人口总量增加，则必然意味着每个劳动力负担增加，社会抚养成本增加。

这种未成年人口的增加，对广州未来发展的直接压力是社会公共服务需求增加。特别是教育和医疗需求的增加。0～17岁人口是幼儿教育和9年制义务教育的全部人群。近年来，广州各区幼儿园学位紧缺，小学入学学位更是逐年紧张，其背后则是未成年人口的持续增长，且增长的速度远远超过相应学位提供的增长速度；与此相对应，各大医院儿科医生和病房长期供不应求，医院压力剧增。2013年，广州全市各类医疗卫生机构向社会提供诊疗服务1.32亿人次，提供住院服务235万人次，分别增长4.4%和6.6%。

在国家推动常住人口公共服务均等化的背景下，广州应加大教育和医疗投资，增加教育和医疗供给。在教育方面，广州应逐步恢复撤并的农村中小学学校是较为可行的途径。由于主城区几无建设用地，在主城区兴建新的中小学校基本上没有可能，因此恢复并高标准建设以前撤并的农村中小学学校无论从经济成本还是社会效益来看都具有较高的可行性。其次，提升农村中小学教育水平，引入并鼓励民间资本利用农村教学设施，以吸引家长及学生来这些学校就读。

四、就业行业相对稳定

在前面的分析中可知，广州共有1000万～1200万外来人口，其中劳动力人口为800万左右。珠三角5072万农民工当中，广州约占13.45%，即672万人。其中跨省农民工数量约470万人。因此，广州有来自本省的农民工数量为200万人左右。广州本地户籍人口800万，劳动力人口约360万，加上外来劳动力800万，广州地区实有劳动力人口约1160万。但从广州统计年鉴（2011年）的数据来看，2010年年末广州三次产业从业人员共计789万，以790万计，两者相差370万。

从全国的情况来看，中国农民工从业仍以制造业、建筑业和服务业为主，从事建筑业的比重明显提高。2011年，中国农民工从事制造业的比重最大，占36.0%，其次是建筑业占17.7%，服务业占12.2%，批发零售业占10.1%，交通运输仓储和邮政业占6.6%，住宿餐饮业占5.3%。从近几年调查数据看，变化较明显的是建筑业，农民工从事建筑业的比重在逐年递增，从2008年的13.8%上升到17.7%，从事制造业的比重则趋于下降。

广州统计年鉴（2011 年）中的数据表明，全市从事第一产业的劳动力有78.5 万人，其中市区有 47 万，主要分布在白云、番禺和花都三区。事实上，考虑到广州农业增加值占广州国内生产总值只有不到 1.8%，从调研的实际情况来看，广州第一产业从业人员约 40 万。以此估计广州第二产业、第三产业的从业人员为 1120 万。

从我们调研掌握的情况来看，广州第二产业就业占全部就业人口的比例这一数据还是相对可靠的。我们认为，广州第二产业占全部就业人口的 40% 左右，以 1160 万人口计算，第二产业就业人口为 464 万人，这一数据与官方公布的广州农民工数据相近。与广州统计年鉴（2011 年）相比，增加了 151 万人。464 万第二产业就业人口中，建筑业约占总劳动力比例的 5%，即 58 万人，较官方数据（2010 年）增加 19 万人。来自珠三角的有关农民工调查统计结果显示，农民工签订劳动合同率较低。享有工伤保险的比例相较其他社会保险高，接受职业技能培训的比例很低，同时严重缺乏法律知识，工作环境对身体的伤害是农民工在工作中遇到的最大问题之一。第二产业中 151 万就业人员基本上游离于各种社会保险之外，其中在工业就业的有 132 万人，主要存在于种类制造企业当中，这些企业从税收、社保等方面考虑，少报漏报就业人员数，主要分布在"城中村"及镇（村）一级的制造企业。调查显示，不少中小型制造企业购买社保人员只占总就业人数的 10% 左右。这种情况在并非广州是特例，国内其他地方亦是如此，甚至有过之而无不及。

广州第二产业就业的 464 万人当中，广州本地户籍就业人数共 145 万人左右，其中工业就业人数 125 万，建筑业就业人数 20 万人；第二产业中外来务工人数 320 万人左右，其中 170 万外来务工人员就业情况基本稳定，他们所享受的社会保障、居住等方面的条件比较好，而剩下的 150 万左右的第二产业外来务工人员的工作条件、工作环境等条件较差，基本上没有什么社会保障，五险一金的购买比例极低。

广州第三产业从业人员有 666 万人，比统计年鉴（2011 年）中的数据 398万人多出 268 万人。从图 8-12 中可以看出，广州第三产业从业人员中，批发零售业从业人口最多，全市约 270 万人，占第三产业 40.5%；其次是住宿和餐饮业就业人口约为 100 万人，占第三产业的 15% 左右；居民服务和其他服务业 70 万人，占第三产业的 10.5%（见图 8-12）。

在广州第三产业的从业人员中，本地户籍就业人口 225 万左右，外来务工

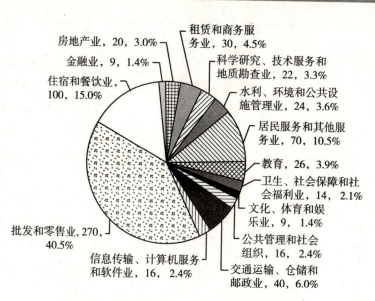

图 8 - 12　广州 666 万第三产业从业人口及其占比

人员约 440 万人。第三产业的外来务工人员中，稳定的就业人口 170 万人左右，约 270 万人就业缺乏社会保障，其中有很多自主创业，虽然社会保障相对缺乏，但他们的自我保障能力较强。在第三产业就业人口中，缺乏社会保障的行业主要是批发零售业，整个行业约有一半的人缺乏社会保障，约 135 万人，约占整个第三产业就业缺乏保障 50%，考虑到批发零售业从业人员不少是以家庭为经营单位，他们主要依靠广州庞大的批发零售市场生存，其生存能力较高，收入相对稳定，虽然缺乏国家正式的社会保障，但其自我保障能力较强。从目前的网络销售发展趋势来看，此产业的从业人员未来的主要威胁是此产业所面临的网络化转型。其次，住宿和餐饮业约六成二的从业人员缺乏社会保障，即 62 万人左右。居民服务业和其他服务业是第三大缺乏社会保障的行业，约 36 万人缺乏各种社会保障。这部分就业人口中很多是自谋职业，据估计广州有 30 万流动摊贩。环境从业人员缺乏社会保障的主要是指垃圾清洁和回收人员，约 20 万人（见图 8 - 13）。

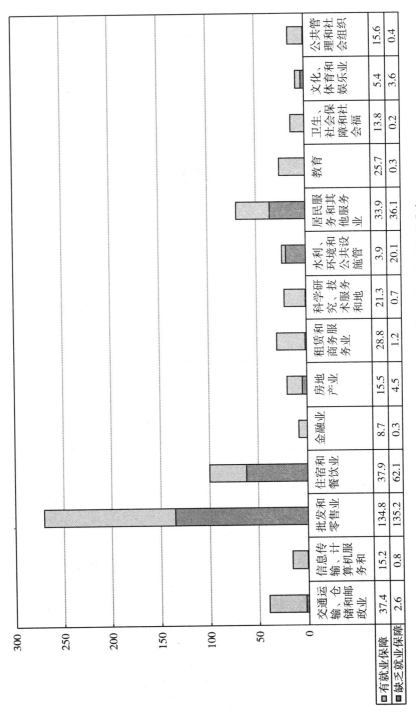

图 8-13 广州第三产业缺乏社会保障的就业人口行业分布

	交通运输、仓储和邮政业	信息传输、计算机服务和软件业	批发和零售业	住宿和餐饮业	金融业	房地产业	租赁和商务服务业	科学研究、技术服务和地质	水利、环境和公共设施管	居民服务和其他服务业	教育	卫生、社会保障和社会福利	文化、体育和娱乐业	公共管理和社会组织
有就业保障	37.4	15.2	134.8	37.9	8.7	15.5	28.8	21.3	3.9	33.9	25.7	13.8	5.4	15.6
缺乏就业保障	2.6	0.8	135.2	62.1	0.3	4.5	1.2	0.7	20.1	36.1	0.3	0.2	3.6	0.4

第九章

人口规模调控与城市转型
升级：广州案例

一、有效调控人口合理空间分布

（一）主城区严控居住用地，番禺、白云、花都三区增加居住用地供给

广州建设用地占城市陆域面积的比重偏低，主城区人口密度过大，实际人口密度远高于东京、巴黎等国际性大都市，也远高于北京、上海等国内特大城市。通过严控建设用地、集约化使用土地，从根本上控制主城区的人口承载空间，为过密的主城区人口寻求疏散空间已成为广州刻不容缓的任务。在主城区人口承载空间控制方面，严格控制新增建设用地。凡不符合规划、没有用地计划指标的，不得批准用地，杜绝超计划批地、用地；切实控制工业用地和保障房之外房地产开发用地；严格控制"农转非"，特别是非法出让、出租集体土地用于非农业建设的现象，避免人口承载空间持续扩大。而在过密人口疏散方面，番禺、白云和花都三区要适当放松土地控制，重点控制建筑高度和建筑密度，为现有人口寻求适度的生存空间；应大力恢复这三区撤并的中小学学校，提供优质教育资源，以分散主城区中小学学校供给严重不足的压力。

（二）适当压缩大规模投资所驱动的劳动密集型就业空间

投资的就业带动是导致人口增加的直接原因，"城中村"改造需要新思维。合理把好"投资"关口，是人口规模调控的重要方面。一是适当控制投

资总量规模。要在全市范围通盘考虑、精密计划、稳步推进固定资产投资，确保中心城区每年固定资产投资增幅不出现较大显著上扬，特别是注重投资节奏控制，避免投资爆发性增长，有效减少投资对外来从业人员的带动作用。二是积极调整全市投资结构。要严格控制能耗大、附加值低的劳动密集型项目投资，防止无视资源环境承载力而盲目扩大低水平投资的做法。对较为成熟的中心城区，要舍弃高容积率换高产出思维，对于"城中村"改造项目，要敢于易地、异地推进改造，减少中心城区"城中村"改造固定资产投资，新增空地尽量改为绿化和公共用地，有些区域必要时可采取冻结立项和规划审批等行政手段，控制不符合区域发展定位的无序建设。同时，对郊区新城而言，合理确定新城投资时序，加强新城投资的计划性，科学控制房地产项目的投资比重，适当放开"城中村"改造换地项目，重点防止新城过快、无序和低水平扩张。

（三）调整完善产业政策实现"以业调人"

鉴于来穗人员快速增长主要集中于制造业、建筑业、批发零售业和传统生活服务业的特点，积极落实产业调整政策，坚持走高端、高效的产业发展，加强低端业态的规范管理，改造提升传统服务业和生活服务业，加强调整产业结构控制主城区人口无序增长。在遏制主城区人口进一步聚集的同时，重点推进中心城区的人口向两个新城区（南沙滨海新城、东部山水新城）、三个副中心（花都副中心、增城副中心、从化副中心）疏散和迁移，必须以立体化交通网络、优质医疗服务和高质量教育服务为依托。借鉴日本东京建设副中心城市的经验，构建主城区与副中心城市之间的快速公共交通网络。优化升级都会区内的广州火车站、广州东站和广州南站综合交通枢纽；同时，加快建设外围片区的北部空铁联运综合交通枢纽（白云机场和广州北站）、东部（新塘）综合交通枢纽、南部（万顷沙）综合交通枢纽，建设主城区与副中心城市之间的快速城市轨道交通体系。打造以"环+放射+十字快线"为主骨架的轨道线网，2020年建设轨道交通线路19条，线路总长度817公里，站点383座。停建海珠环岛试验线，将海珠环岛线建设用地改建成海珠环岛马拉松大道。放眼全球，没有任何一个城市拥有像广州海珠岛那样周长与马拉松长度相等且位于城市中心的岛屿，这是广州打造国际城市最大的优势，也将是广州城市由制造引领向消费转型的最大的动力。

（四）美化优化居住与生产空间

"居住"管理是外来人口规模调控的有效手段。全市要在政府部门加强管理的基础上，充分动员出租房屋房东、房产交易中介、用工企业等各社会主体积极参与居住管理。对于合法合规的居住租赁关系，要进一步明确落实相关责任与信息制度；对于非法居住租赁关系与违法建筑，要加大打击与拆除力度，以"拆违"达到"控违"目的。一是加快推进违章搭建治理和旧区改造。加大违章建筑的拆除和整治力度，防止以外来人口为居住主体的"城中村"形成和蔓延。加强对农民改建、扩建住房以及社区居民住房的规范化管理，对危房和违章搭建建筑予以坚决清理，努力减少违章搭建存量，控制新增违法、违规建筑。可以借鉴深圳龙岗区布吉街道画家村改造经验，美化优化人口居住与都市型产业的生产空间。加强对中心城区及其拓展区范围内老旧房屋状况的排摸梳理，加快重点旧改区域的动迁改造步伐，改善当地区域及周边环境。通过合理的住房成本及其他市场因素的调节作用，有效控制中心城区的人口规模。二是严打"群租"行为，强化对房屋租赁市场的管理，重点解决"群租"等突出问题。三是推行"社区化"封闭式管理。对于外来人口集聚较多的村庄和部分尚未拆迁的城中村，设置围墙、电子围栏、智能门禁等设施，整合现有社会管理力量，推进"社区化"封闭式精细管理，既能整治改善村容市容，又能大大压缩非法居住空间。四是严格规范房屋租赁市场。加强对于居民出租房、农民出租房的规范管理，把房屋中介机构的出租房信息纳入治安管理范畴，依法处罚不履行治安责任行为的房屋中介机构。进一步明确"凭证租房"的规范要求，对于不按规定登记或出租房屋的行为责任人，要严格按照有关法律规章予以处罚。五是构建规范村民规范出租的利益导向机制。在外来人口集聚的近郊村，推行"奖惩结合"的人口调控利益导向机制，将违章搭建、房屋出租与村民的福利挂钩，对于主动申报或规范房屋出租的村民，给予适当补贴或提高福利水平，对于疏于防范、随意出租的村民，减少甚至扣除福利待遇，通过利益调整，引导农民支持配合主城区人口调控工作。

（五）压缩非法就业空间

针对外来人口从事非法经营活动及其他违法犯罪活动较为突出的现象，必须强化多部门联合执法，严格执行有关政策规定，进一步加大打击力度，尽可能压缩其非法活动空间。一是要加强对各类非法经营活动及"灰色经济"的整治。当前，要加强综治、公安、交通、卫生、教育、工商、税务、质监等多部门联动，重点清理和打击"黑车"运营、"黑诊所""黑中介"、非法办学、地下食品加工、无照废品收购等活动，加大执法力度，严格取缔各类无照非法经营。适时调整和完善非法客运、非法行医等违法经营行为的有关处理规定和处理细则，提高执法效率。二是要加强对各类治安刑事犯罪活动的打击。重点聚焦外来人口较为集中的城乡接合部等地区，加大对于偷盗、抢劫、诈骗等严重刑事犯罪活动的打击力度，形成比较强的威慑力。根据需要，定期开展对美容美发、足浴、沐浴、KTV（歌舞厅）、游艺厅、棋牌室等易发"黄、赌、毒"违法行为的"六小场所"的清理整治和治安管理行动，集中解决一批群众反映突出的治安管理问题，形成常态化的工作机制。

（六）努力完善以居住证制度为核心的来穗人员管理框架

加快完善以居住证为核心的来穗人员管理制度体系，全面深入实施居住证积分管理制度，强化居住证功能，发挥人口管理的前端作用。要进一步明确：居住证是来穗人员在广州生活、工作所必须持有的法律凭证，是来穗人员租房、就业以及进一步享受公共服务和参与社会管理的前提和基础。依托居住证制度，建立和完善来穗人员信息登记制度，突出其强制效力。要在公共卫生、计划生育、义务教育、劳动就业等基本公共服务的提供过程中，增设相应的人口信息登记、居住证办理及验证等前置环节，强化人口属地社区及相关职能部门的管理与服务，使登记和办证成为来穗人员在广州居留的首要事项。

二、积极推动广州人口结构优化提升

（一）积极落实人口疏解优化的规划部署

一是尽快制定人口专项规划。结合主体功能区规划，将广州人口发展功能区分为人口限制区、人口疏散区、人口稳定区和人口集聚区等四种类型，明确不同区域的总体承载规模，为人口疏解和城市建设提供指引。二是推动市域范围内城市功能的规划布局调整，加速新城建设进程。优化城市功能总体布局，扭转目前中心城区功能承载过度化、新城功能空心化的局面，真正增强新城的人口吸引力和承载力。对于中心城区核心区，严格控制建设规模和人口总量，严格控制新建住宅项目，严格控制大型公建项目，严格限制医疗、行政办公、商业等大型服务设施的新建和扩建。同时，抓紧制定中心城区功能疏解战略规划，统筹谋划功能疏解至新城的具体去向和时序。此外，当前还要高度重视新城建设的节奏，加强土地储备、开发与供给的计划性，保证新城集中成片、稳步有序的滚动发展，防止新城由于过快、无序和低水平扩张，而成为新的外来人口与低端产业的聚集区。三是加强"职住平衡"规划。顺应现代城市就业和居住平衡发展的大趋势，在城市规划中加强对产业与居住功能融合的积极引导，进一步强化郊区新城的就业和居住一体化水平。同时，加强交通规划与城市规划的衔接，在从就业中心延伸到城市外围的轨道交通周边提供居住用地，或者在就业中心和相应的居住密集区之间提供便捷的快速交通设施，尽可能减少对交通的刚性需求。四是探索大广州都市圈规划。借鉴大北京都市圈的规划和东京都市圈的经验，在珠三角一体化的有利条件下，加快推进泛珠三角经济社会各方面的省际协同，推进产业有序分工、社保和社会资源联动、轨道交通等基础设施有效连接，使珠三角城市群地区成为广州人口调控的蓄力池和新承载区。

（二）努力发挥就业导向对人口规模与结构的调节作用

加大对常住劳动力充分就业的帮扶力度。全市要以城镇失业人员、就业困难人员、新增劳动力和农村富余劳动力为重点，为他们的就业创造便捷条件。一是完善低保政策，加大低保"救助渐退"政策力度，适当调整渐退期时间和待遇标准，鼓励低保家庭中有劳动能力的人员积极就业。二是加强对本地劳动力的职业培训。针对本地人有优势的行业和岗位，加强对本地劳动力的职业技能培训，并适当予以一定的培训补贴和就业优惠，切实提高本地劳动力的就业积极性。三是转变本地劳动力的就业观念。要进一步加强就业观念的引导，促进本地居民在就业观念上更加理性务实。政府部门需要督促企业规范用工制度，建立和完善工资正常增长机制，改善工作环境，增强企业的就业吸引力。四是重点鼓励常住人口创业创新。人口增长新常态下，广州经济发展从要素驱动向创新驱动转型，应坚持"支持创新，鼓励创业"的宗旨，发挥创新基金在资源配置中的引导作用，探索科技金融合作机制，发挥财政科技资金"四两拨千斤"作用，撬动银行等金融机构的信贷资金，不断拓宽中小企业受益面。

　　加强对劳动力就业行为的规范管理。一是保持与广州城市发展水平相适应的用工成本。要认真落实相关法律法规,严格执行本市最低工资标准,坚持同工同酬,切实提高来穗人员特别是在小企业就业人员的劳动合同签订率,保证企业为来穗务工者交足各项社会保险。二是以非正规就业组织为重点,严格规范对来穗人员的劳动用工行为。加大监督执法力度,坚决打击非法用工,及时查处拖欠工资、不交社会保险、不按规定落实劳动保护和安全防护等违法违规行为。三是要强化"凭证就业"机制,设定必要的外来人员从业资格和上岗条件,严格落实相关政策和规范要求,避免"零门槛"就业。对于建筑施工以及餐饮服务等吸纳来穗人员较多、工作环境特殊的行业,要加强从业者的岗前培训和就业登记管理,落实持证上岗等制度规范。

(三)促进人口有序、合理流动

　　一是强化不同梯度公共服务待遇的引导作用。利用实施居住证积分制管理的契机,强化居住证的功能,使其成为来穗人员享受公共服务的必要凭证。根据积分类别,建立完善分层、分类、有梯度的来穗人员公共服务供给制度,明确不同积分条件所对应的公共服务范围及标准,使来穗人员享受的公共服务与其所做贡献真正挂钩;并实行动态化的管理机制,根据人口实际情况变化,及时进行必要的政策调整。二是进一步修正完善面向来穗人员子女的教育政策。在全面评估广州市域教育资源承载力的基础上,重新评估现行的教育资源供给政策。加大对民办儿童看护点、农民工子女小学的规范管理力度,大力发展民办教育,鼓励和支持具有品牌影响力的民办学校接收、合并农民工子弟学校,鼓励民间资本接收、兴办原先关闭的近郊区农村中小学校,坚决打击非法办学;进一步规范对来穗人员子女开放中职教育的操作细则,并注重跟踪评估政策实施效果及影响;根据国家的统一部署要求,稳妥谨慎地应对"异地高考"放开政策,与农民工流出地较多的教育部门协商合作办学,解决外来工子弟的学籍问题。三是分类别分层次提供必要的医疗卫生服务。在继续提供必要的基本公共卫生服务的基础上,以"积分制"为依托提供适度的基本医疗服务。坚持权利义务相对等的原则,以居住证积分制管理为基础,对来穗人员的基本医疗服务,在现实范围内分梯度分层次提供,并根据经济社会发展水平,按实际需要稳步提升。同时,调整以来穗人员为对象的医疗卫生服务政策。重新梳理现有的医疗卫生服务内容,特别是专门针对来穗人员的项目,在具体实施过程中，要注意把握好"节奏"和"度"。结合全国其他地区的平均水平，改革现行的"平价分娩点"等制度，适当提高本地医疗资源的使用标准。四是加快新城等重点区域的基本公共服务能力建设。在新城、大型居住社区等人口导入的重点建设区域，加快教育、医疗、文化、体育设施等资源的均衡布局，并与中心城区的优质公共服务资源全面对接，增强其人口吸聚力。鼓励具有一定影响力、带动力的科教机构、企业总部、研发基地等入驻新城，在人才、税收等方面予以一定的扶持性政策，加快新城功能的形成完善。

（四）积极应对老龄化和少子化

老龄化和少子化是广州经济社会发展将长期面对的重大课题。尽管目前广州仍处于"人口红利"期，但是在我国老龄化不断加快的大趋势下，广州的"人口红利"也是有期限的，应尽早谋划应对之策。建议广州进一步完善促进人口和家庭发展政策措施，开展一方为独生子女的夫妻可申请生育第二个孩子的专题调研，建议提高独生子女父母奖励标准并增设农村集体经济产权制度改革的奖励股和征地、拆迁补偿的优惠奖励。

（五）通过吸引更多中高端人才来穗进一步优化全市人口结构

一是加大对外来中高端人才的居住证积分支持力度。鉴于广州优化人口结构的需求与趋势，建议可以进一步拉大积分档次，对外来中高端人才加大积分支持力度，吸引更多中高端人才来穗工作生活，进一步提升广州的整体人力资源素质。二是探索通过稳妥放开"落户"条件，吸引外来中高端人才到郊区新城就业居住。为了进一步优化广州人口结构及布局，同时进一步推动郊区新城发展，建议按照"区域差别化"理念，在广州郊区新城探索进行"落户"政策倾斜，只要外来中高端人才在新城就业居住达到一定条件，稳步向其降低"落户"门槛。三是对外来中高端人才在郊区新城购房予以政策倾斜。根据全市统一的人才评价标准，同时结合在新城就业、纳税、居住等条件，参照临港"双限房"等政策，对外来中高端人才在郊区新城购房给予政策支持，特别是在当前"限购"的大环境下，积极争取相关政策突破，在吸引更多人才的同时，进一步优化人口结构布局。

三、确保人口管理与服务的体制机制顺畅高效

（一）加强人口综合调控体制保障

人口管理是一项涉及多领域的系统工程，需要全市各部门和各区县进一步形成合力。建议进一步完善现有的人口管理体制，优化市外来人口管理领导小组设置，将市级层面相关部门全部纳入，设立人口流动大数据研究中心，作为市级层面的人口综合调控决策咨询智库，推进广州人口政策的综合平衡和人口管理和社会治理的现代化。

（二）加强人口公共政策评估考核机制保障

一是建立人口公共政策评估机制。全市各级政府和相关部门在研究各类重大政策措施时，必须充分考虑该项政策的人口因素和人口影响，要将人口影响评估作为政策制定的前置性条件，确保符合人口调控的总体指向，加强各项政策之间的统筹管理和综合协调。二是建立人口管理责任考核机制。进一步巩固和完善属地化的人口综合管理体系，建立健全区县人口管理责任机制和考核机制。要完善政府考核的相关制度安排，对于违反人口调控目标的单位和个人要予以问责，树立正确的人口调控导向。

（三）加强人口管理相关法律法规保障

一是加强有关法律法规的制定修正。加快地方立法进程，填补涉及人口管理的法律法规空白，做到有章可循、有法可依。近期要根据户籍制度和居住证积分管理改革方向，适时出台居住证管理地方性法规；并根据产业政策、就业政策、公共服务政策及相关制度的调整方向，提高法律法规实施的可操作性。二是要进一步加强法律法规执行力和监督力度。通过加大执法管理，增强法律法规和规章制度的严肃性，对于违反法规制度的单位和个人要进行严惩，严格落实惩治非法、鼓励合法的奖惩激励制度。

（四）加强人口信息普查和管理保障

一是做好年度人口信息普查。坚持做好每年的人口信息普查，落实实有人口的信息登记制度，利用人口流动大数据开展广州虚拟人口普查，做到人口

"底数"清楚，为人口调控政策提供基础依据。二是完善积分制管理的信息支撑平台。围绕积分制的实行，进一步整合公安、计生、民政、教育、社保、税务、卫生、工商、房管等部门以及经济、产业、城市建设等部门的现有信息管理系统，进一步扩展各部门之间的数据交换范围，优化积分甄别认定叠加的程序，加速构建全市统一、互联互通和动态更新的人口信息管理平台。三是进一步强化人口相关信息的动态监测、系统分析和预警预报。特别是要健全劳动力市场监测预警，加强对劳动就业领域的动态管理，当外来人口的增减对劳动力市场及城市正常运行造成较大冲击时，要启动相应的工作预案，积极引导、合理控制。

第十章

结论与对策建议

一、应增加供给而不是抑制需求来解决城市发展中的矛盾和问题

在城市的快速发展和急剧变革中，医疗、教育、住房等诸多矛盾和问题不可避免地积累和产生，解决这些矛盾和问题的方法和路径不是控制人口，而是要加强供给。中国新常态下的经济发展要更多地依靠内需特别是消费需求拉动，更多地依靠现代服务业和战略性新兴产业带动，并以此不断增强长期发展后劲。在国家推动常住人口公共服务均等化的背景下，特大城市应加大教育和医疗投资，增加教育和医疗供给。在教育方面，应逐步恢复撤并的农村中小学学校是较为可行的途径。由于主城区几无建设用地，在主城区兴建新的中小学校基本上没有可能，因此恢复并高标准建设以前撤并的农村中小学学校无论从经济成本还是社会效益来看都具有较高的可行性。其次，提升农村中小学教育水平，引入并鼓励民间资本利用农村教学设施，以吸引家长及学生来这些学校就读。

二、让市场在人口资源配置中起决定性作用

党的十八届三中全会公报指出，经济体制改革是全面深化改革的重点，核心问题是处理好政府和市场的关系，使市场在资源配置中起决定性作用和更好发挥政府作用。数十年来，没有一个大城市成功地控制了人口，而失败的背后正是市场机制这只无形的手在推动人口不断地向城市聚集。强力的以行政手段为主的人口控制并没有从根本上解决城市发展面临的矛盾和问题，反而催生了

一系列的腐败行为和无数血的教训,是与人类文明的发展背道而驰的。研究发现,除了北京人口在继续增长外,其他所有的特大城市都不存在人口控制的必要。在中国,人口向首都聚集是一种必然,其突破口在于京津冀一体化。只要是市场经济,就必然有人口流动,城市吸纳人口能力的强弱,恰恰是城市竞争力的具体表现。事实证明,人口净流入是城市房价坚挺的根本原因,特大城市必须利用人口增长的机遇实现土地财政的转型。

三、人口控制将使一些城市失去发展机遇

研究发现,即使在北上广深一线特大城市,2008年以来城市人口无论从增长速度还是在增长规模方面都相对下降了,以外来人口流入为主的人口高速增长时期已经结束,从而导致我国特大城市人口规模控制的必要性和紧迫性大为降低,人口控制政策重点应该从数量控制转向结构优化,部分城市甚至面临如何吸引外来人口长期居住下来的问题。例如,深圳、东莞曾经是我国两个吸引外来人口最多的城市,与2007年相比,深圳实有人口总量减少了200万人,同期东莞更是减少了400万人口以上,导致近年来大量厂房和农民建有的租住房子("城中村")空置,这种资产的闲置一方面造成了资产的错配和浪费;另一方面导致地方金融风险剧增。任何城市在推进人口控制或者调控工作之前,首先要弄清这个城市实有人口数量,其次要弄清城市人口历年增长及其未来趋势(研究发现,国内仅上海市对其城市实有人口掌握得比较清楚),否则人云亦云的人口规模控制将使城市失去发展的机遇。

四、人口是扩大内需最根本、最重要的资源

长期以来,很多城市片面地认为只有人才才是城市发展的资源,而将外来劳动力看作是城市发展的负担,从而采取各种措施控制外来劳动力流入并设定各种限制外来劳动力就业歧视政策。在2003年"民工荒"出现之后,才发现外来劳动力资源的价值,但依旧有不少城市时不时地祭起人口控制的法宝。而在中国经济进入新常态之后,城市人口持续增长的动力大幅减弱,人口成为资源越来越多地被人们所接受。人类所有的经济活动的最终目的是满足人们的各种需求,离开了庞大的人口支撑,特大城市的发展必然缺乏可持续性。例如,

广州地铁平时日均客流量为 650 万人次，而春节期间客流下降一半；如果实际严格的人口控制，外来人口大量减少，仅地铁一项，广州本地人口每天需要支付 700 万元以上的运营成本，每年需要支付 20 亿元的运营费用才能保证地铁服务水平不下降。

五、东北人口流失酝酿大风险

从我国特大城市区域分布来看，虽然从表面上看相对均匀，但实际上隐藏巨大风险，特别是中国的东北地区。由于人口的持续流出，加上东北国企占比过高，经济活力低下，长此以往，东北有可能进入社会风险高发和动荡阶段，因此应引起国家的高度重视。而要防止这种情况出现，唯一可做的就是大力推进市场化改革，强力引入民营资本以提升地区活力；另外，法治作为市场重要保障手段，必须建立良好的法律环境才能保证市场化改革的成功。相对于国内其他地区，东北必须打造面向东北亚的国际性特大城市以增强其区域影响力和辐射力，以吸引东北本地人口向特大城市聚集。

参 考 文 献

［1］ Albert Lepawsky. Redefininthe Metropolitan Area. National Municipal Review ［J］. 1969 （25）: 417 – 422.

［2］ Anand Rajaraman, Jeffrey David Ullman. . 大数据: 互联网大规模数据挖掘与分布式处理 ［M］. 王斌, 译. 北京: 人民邮电出版社, 2012.

［3］ Balázs Cs. Csáji, Arnaud Browet, V. A. Traag, Jean – Charles Delvenne, Etienne Huens, Paul Van Dooren, Zbigniew Smoreda, Vincent D. Blondel. Exploring the mobility of mobile phone users ［J］. Physical A: Statistical Mechanics and its Applications. 2012, 1459 – 1473.

［4］ Daily Gretchen C, et al. Optimum human population size ［J］. Population and Environment, 1994, 15 （6）: 469 – 474.

［5］ F. Stuart Chapin. "How big should a city be?", Journal of Environmental Planning and Management （Series 1）, Volume 2, Issue 1, 1950, pages 37 – 48.

［6］ FAO. Potential Population Supporting Capacities of Lands in Developing Word ［M］. Rome, 1982.

［7］ Jaiswal A, Peng W, Sun T. Predicting time – sensitive user locations from social media ［C］. //Advances in Social Networks Analysis and Mining, IEEE/ACM International Conference on. IEEE, 2013, 870 – 877.

［8］ Jane King , Malcolm Slesser. Prospects for sustainable population development: The significance of growth ［J］. Population and Environment, 1994, 16 （6）: 487 – 505.

［9］ JedA. Long, TrisalynA. Nelson. A review of quantitative methods for movement data ［J］. International Journal of Geographical Information Science. 2013 （2）: 292 – 318.

［10］Khalil S. Population and sustainable development［J］. Economic Outlook, 1994, 25（2）: 21 –33.

［11］KW, Chan. Migration controls and urban society in post – mao china. . Seattle, Washington, University of Washington, Seattle Population Research Center, 1995 Jan.

［12］Manyika, James, et al. Big data: The Next Frontier for Innovation, Competition, and Productivity［EB/OL］. http: // www. mckinsey. com/insights/business technology/big data the next frontier for innovation, 2013 –04 –09.

［13］Michael Batty, "The Size, Scale, and Shape of Cities", Science 8 February 2008: Vol. 319 no. 5864 pp. 769 –771, DOI: 10. 1126/science. 1151419.

［14］MP, Harris. J. Todaro. Migration, unemployment and development: a two – sector analysis. American Economic Review. 1970, Vol. 60.

［15］Peter Zadrozny, Raghu Kodali. Splunk. 大数据分析［M］. 唐宏, 陈健, 译. 北京: 机械工业出版社, 2014.

［16］Pollard J H. Mathematical Models for the Growth of Human Population ［M］. Cambridge: Cambridge Univ Press, 1980.

［17］Shen, W. China in the global migration order—historical perspectives and new trends. Asia Europe Journal, 2010, 8, 1, 25 –43.

［18］Simon J L. The Economics of Population Growth［M］. Princeton: Princeton Univ Press, 1977.

［19］Sitaram Asur, Bernardo A. Huberman. "Predicting the Future with Social Media", WI – IAT, 2010, IEEE/WIC/ACM International Conference 2010, pp. 492 –499.

［20］蔡昉. 中国流动人口问题［M］. 北京: 社会科学文献出版社, 2007.

［21］陈佳鹏, 黄匡时. 特大城市的人口调控: 东京经验及其启发［J］. 中国人口·资源与环境, 2014, 24, 8, 57 –62.

［22］丁金宏. 论城市爆炸与人口调控［J］. 人口研究, 2011（1）: 33 –38.

［23］段成荣, 邹湘江. 流动人口发展趋势与北京市人口规模调控［J］. 城市管理与科技, 2011, 13, 12 –15.

[24] 段成荣. 从无序到有序：北京市人口规模调控的思考 [J]. 人口研究, 2011 (1)：38 – 41.

[25] 冯海燕, 张昕, 李光永, 等. 北京市水资源承载力系统动力学模拟 [J]. 中国农业大学学报, 2006, 11 (6)：106 – 110.

[26] 冯晓英. 城市人口规模调控政策的回顾与反思——以北京市为例 [J]. 人口研究, 2005, 29 (5)：40 – 47.

[27] 冯晓英. 城乡统筹视角下的流动人口服务管理与创新——京渝成三市城乡统筹发展的比较与启示 [J]. 北京社会科学, 2012 (1)：44 – 49.

[28] 冯晓英. 特大城市流动人口权利保障的困境与出路——以北京为例 [J]. 探索与争鸣, 2014 (1)：26 – 28.

[29] 高珮义. 世界城镇化的一般规律与中国的城镇化 [J]. 中国社会科学, 1990 (5)：127 – 139.

[30] 国家统计局. 2011 年我国农民工调查监测报告 [R]. 2012 – 04 – 27. http：//www. stats. gov. cn/ztjc/ztfx/fxbg/201204/t20120427_ 16154. html, 2012.

[31] 胡巧玲, 茹金平. 基于大数据分析的人口迁移量预测模型仿真 [J]. 计算机仿真, 2014 (10)：246 – 249

[32] 黄匡时. 特大城市的人口调控：东京经验及其启发 [J]. 中国人口资源与环境, 2013, Vol. 23 （专刊）：66 – 76.

[33] 黄荣清, 段成荣, 陆杰华, 黄文香, 张强, 王桂新. 北京人口规模控制 [J]. 人口与经济, 2011 (3).

[34] 黄润龙. "特大城市人口规模调控" 之浅见 [J]. 人口研究, 2011 (1)：29 – 33.

[35] 蒋同明. 特大城市人口规模调控的对策与思考——以深圳市为例 [J]. 中国经贸导刊, 2013 (34).

[36] 柯荣住. 城市就业 (人口) 控制制度及其变革：理论模型和实证分析 [J]. 经济科学, 1998 (4).

[37] 柯荣住. 城市人口控制制度及其变迁 [J]. 中国社会科学, 2000 (6).

[38] 刘锋, 黄润龙, 丁金宏, 段成荣. 特大城市如何调控人口规模？ [J]. 人口研究, 2011 (1).

[39] 刘洁, 苏杨, 魏方欣. 基于区域人口承载力的超大城市人口规模调

控研究 [J]．中国软科学，2013，10：147－156．

[40] 刘洁，苏杨．从人口分布的不均衡性看北京"城市病" [J]．中国发展观察，2013 (5)：32－36．

[41] 刘易斯．二元经济论 [M]．北京：北京经济学院出版社，1989．

[42] 刘易斯·芒福德著，宋俊岭等译．城市发展史——起源、演变和前景 [M]．中国建筑工业出版社，2005．

[43] 刘瑜，康朝贵，王法辉．大数据驱动的人类移动模式和模型研究 [J]．武汉大学学报 (信息科学版)，2014 (6)：660－666．

[44] 卢明华，李国平，孙铁山．东京大都市圈内各核心城市的职能分工及启示研究 [J]．地理科学，2003 (2)．

[45] 陆杰华，黄文香．首都人口调控论争与出路的理论思考 [J]．人口与经济，2011 (3)：26－28．

[46] 罗源昆，王大伟，刘洁，苏杨．大城市的人口只能主要靠行政手段调控吗？——基于区域人口承载力研究 [J]．人口与经济，2013 (1)．

[47] [美] 乔尔·科特金著，王旭等译．全球城市史 [M]．社会科学文献出版社，2006．

[48] 任强，陆杰华．北京市未来流动人口发展趋势及调控思路 [J]．人口研究，2006，30 (4)：77－83．

[49] 上海市人民政府发展研究中心课题组．合理控制上海人口规模优化人口结构研究 [J]．科学发展，2013 (7)．

[50] [美] 丝奇雅·沙森著，周振华等译校．全球城市——纽约、伦敦、东京 [J]．上海社会科学院出版社，2006．

[51] 宋迎昌，裴雪姣．特大城市人口调控的国际经验 [J]．人民论坛，2013 (4)：62－63．

[52] 唐鑫．调控北京人口规模的战略思考 [J]．前线，2012 (6)：43－44．

[53] 童玉芬．北京市水资源人口承载力的动态模拟与分析 [J]．中国人口·资源与环境，2010，20 (9)：42－47．

[54] 涂子沛．数据之巅：大数据革命，历史、现实与未来 [M]．北京：中信出版社，2014．

[55] 王峰，唐美华．基于移动通信大数据的城市人口管理解决方案 [J]．

移动通信, 2014 (13): 38 - 41.

[56] 王桂新, 殷永元. 上海人口与可持续发展研究 [M]. 上海: 上海财经大学出版社, 2000 (11).

[57] 王桂新. 我国大城市病及大城市人口规模控制的治本之道——兼谈北京市的人口规模控制 [J]. 探索与争鸣, 2011 (7): 50 - 53.

[58] 王再平. 特大城市人口规模控制悖论 [J]. 中国发展, 2014 (4): 21 - 24.

[59] 王振, 周海旺, 陈国政, 高慧. 上海市人口规模和结构调控形势与对策研究 [J]. 社会科学, 2014 (2): 56 - 65.

[60] 维克托·迈尔 - 舍恩伯格, 肯尼思·库克耶. 大数据时代 [M]. 盛杨燕, 周涛, 译. 杭州: 浙江人民出版社, 2012.

[61] 吴群刚. 北京市人口规模现状与调控 [J]. 城市问题, 2009 (4): 2 - 5.

[62] 武翠兰. 新加坡人口政策给我们的启示 [J]. 理论学刊, 2001 (1).

[63] 肖周燕. 对特大城市人口调控问题的反思——基于公共政策与管理视角 [A]. 北京市社会科学界联合会, 北京师范大学主编. 科学发展: 社会管理与社会和谐 [C]. 北京: 北京师范大学出版社, 2011: 124 - 129.

[64] 杨舸. 国际大都市与北京市人口疏解政策评述及借鉴 [J]. 西北人口, 2013 (3): 43 - 48.

[65] 叶建亮. 公共产品歧视性分配政策与城市人口控制 [J]. 经济研究, 2006. (11).

[66] 张强, 周晓津. 行政控制还是市场调节？——我国大城市人口规模调控路径选择 [J]. 西部论坛, 2014, 24 (2): 1 - 16.

[67] 张强, 刘江华, 周晓津. 提升广州国家中心城市功能的战略思路与对策研究 [R]. 广州市社科规划招标重点课题, 2010.

[68] 张强, 阮晓波, 周晓津, 陈翠兰. 广州现代服务业综合竞争力研究 [R]. 广州市社科院所立项课题, 2010.

[69] 张强, 周晓津, 阮晓波. "北上广" 发展比较及广州的追赶策略 [R]. 广州市社科院决策咨询课题, 2013.

[70] 张惟英. 拉美过度城镇化的教训与北京人口调控 [J]. 人口研究,

2006 (4)：84－89.

[71] 张晓军，潘芳，张若曦，齐元静. 我国特大城市发展的状况、特征及问题刍议 [J]. 城市发展研究，2009 (12).

[72] 张真理. 北京市流动人口服务管理史略 (1978—2008) [J]. 兰州学刊，2009 (7).

[73] 张真理. 首都流动人口待遇市民化与流动人口规模调控关系的思考 [J]. 新视野，2010 (1)：82－84.

[74] 赵时亮，高扬. 基于移动通信的人口流动信息大数据分析方法与应用 [J]. 人口与社会，2014 (3)：20－26.

[75] 周晓津. 中国城乡富余劳动力的供给边界与规模测度. 改革，(009)，148－154. 劳动经济与劳动关系 (人大复印资料全文转载)，2008.

[76] 周晓津. 中国改革与城乡剩余劳动力：1978—2007. 2008 年中国经济特区论坛：纪念改革开放 30 周年学术研讨会论文集，2008.

[77] 周晓津. 重庆市剩余劳动力转移与城乡统筹发展战略. 重庆蓝皮书 (2009)，2009.

[78] 周晓津. 广州城市生活垃圾增长与用地需求预测. 生态经济：学术版，2010 (2)：402－404.

[79] 周晓津.1978—2007 年中国隐性失业，劳动力流动与整体失业率估计 [J]. 西部论坛，2011，21 (1)：6－12.

[80] 周晓津. 农民工规模与市民化成本：基于福利经济学分析//载李江涛主编：广州农村发展报告 (2011) [M]. 北京：社会科学文献出版社，2011：211－230.

[81] 周晓津. 劳动力流动视野下的区域经济增长研究 [M]. 北京：经济科学出版社，2011.

[82] 周晓津. 中国城乡收入差距：扩大还是缩小？[J]. 西部论坛，2012，22 (2)：5－12.

[83] 周晓津. 外来务工人员融入广州城市生活专题研究 [R]. 广州市社科规划课题，2012.

[84] 周晓津. 中国大城市人口规模调控研究//载潘家华，韩朝华，魏后凯主编：城市转型与绿色发展——中国经济论坛 (2012) 文集 [M]. 北京：中国社会科学出版社，2014：517－547.

　[85] 周晓津. 人口新常态约束、特大城市人口规模调控与城市转型升级 [J]. 西部论坛, 2015, 30 (2): 1-11.

　[86] 汤舸, 高路拓, 王咏笑. 控制人口? 一剂开给上海的毒药 [OL]. 新浪博客 (诗城栖居), http://blog. sina. com. cn/smileliuhaimeng.

后　　记

　　2003 年硕士毕业后，我在东莞筹建康华医院，对东莞和深圳的人口调查引起了我的深思和兴趣。调查发现，东莞很多镇区的实际人口都已经超过百万之多，不少村的人口就远远超过国外一般的中小城市。在官方统计上，人们所看到的仅仅是规模以上企业上报的外来劳动力加上本地户籍人口而已。带着疑问和兴趣，我的博士论文方向是劳动力流动视野下的中国区域经济增长研究，该书在 2011 年经由经济科学出版社出版。从最初的人口调查到今天的广州市社科重点课题结题再到出版，我在人口方面的研究已有 12 个年头。在申请广州市社科规划时，我并没有太大的信心拿下市重点课题，毕竟广州有不少知名高校和知名学者，但最终幸运地拿下了课题。

　　无论是自然科学还是社会科学，研究过程中需要拨开层层迷雾寻求事实的真相。我们利用很多与人口相关的刚性数据恢复了国内主要城市的人口规模及其增长，特别是对北上广深四个一线城市的人口分析，可使人们清楚地看到我国特大城市人口规模增长的规律，特别是经济发展与人口规模之间的关系。庆幸的是，我们的研究与国内知名学者的观点与结论不谋而合，这增加了我们的信心和勇气。从世界城市的发展规律看，我国特大城市人口规模控制本不应成为问题。我们的研究发现，特大城市人口规模的失控，更多地源自不正确的人口统计方法和外来人口管理模式，表现在早期只注意统计规模及以上制造业中的成年劳动力，而越到后来却要将更多的产业人口、非劳动力成年人口以及老少人口纳入统计时，突然发现人口的爆炸性增长。想要推行特大城市人口控制的第二个因素是对看似数以亿计的农村劳动力将要涌入城市的恐惧，其实我国农村可输出的劳动力在 2005 年前后就已经枯竭了，表明我国城市人口机械性增长的最主要的源动力已经不复存在。

　　全书研究主题和总体框架首次由我独立负责。本书也是我与张强副研究员第二次合著。作为经济研究所的所长，张强副研究员拥有 20 年的决策咨询课题研究经验，本书从最初的课题申报，到课题的分析与写作，再到本书的形成和出版，都得到了张强副研究员强有力的支持和帮助。从 2009 年博士毕业到加入广州市社科院经济所，我与张强所长每年都有 2~3 个课题的合作机会，因而有幸得到张强所长很多的提点与支持。虽然至今已有六年之多，但相对张强所长长达 20 余年累积的决策咨询课题经验而言，我尚有太多需要学习的地方。与张强所长的合作基本上沿着城市竞争力比较研究的主题而进行，值得指出的是，以张强所长为科研领头人的城市竞争力比较研究已经出版了 10 余本专著和几十份决策咨询研究报告，城市竞争力比较研究亦已成为广州市社科院研究品牌。本书能够得以顺利出版，也是得到了以朱名宏研究员、张强副研究员为负责人的广州市社科院城市竞争力品牌研究团队的资助，在此表示衷心的感谢！

本书最初源自 2014 年广州市哲学社会科学规划重点课题《特大城市人口规模控制与广州城市转型升级研究》（课题编号：14Z03），该课题已于 2015 年 3 月顺利结题并获得优秀等级。除张强所长外，课题的院内参与人员包括阮晓波副研究员、陈翠兰助理研究员、邱志军见习研究员。本课题还得到两个院外参与人员的大力帮助和贡献，其中包括范拓源副研究员，我和范拓源副研究员同为中国社科院金融研究所周茂清研究员的博士后；另一位是湖南省隆回县职业中等专业学校的周仁满讲师，周仁满讲师为本课题的湖南调研、数据录入和处理提供了相当大的帮助和支持。在此我要对他们的辛勤劳动表示衷心感谢！

本书能够得以出版，我要由衷地感谢广州市社会科学院城市竞争力品牌建设基地的出版资助。我还要特别感谢经济科学出版社的段钢编辑，在段钢的督促和支持下，我们得以按时交付书稿并出版。

作为国家的特大人口城市之一，广州有许多值得我们认真、系统地进行研究总结的地方。我们在本书中重点对北京、上海、广州、深圳等特大人口城市进行了比较研究和策略分析，这只是做出了初步探索，希望能够起到抛砖引玉的作用，并期望与广大读者及学界同行加强交流与合作，使这一研究进一步深入，从而为我国特大城市的人口管理和服务做出理论和实践上的些许贡献。

周晓津

2015 年 12 月 8 日